당당함을 키워주는
스피치
교육
프로그램

당당함을 키워주는

스피치
교육
프로그램

스피치 교육 실제 활용 지도안

김미진 지음

누구나 활용할 수 있는 스피치 교육 프로그램의 실제

발음, 태도, 목소리부터 스토리텔링 기법까지!
《당당함을 키워주는 말》의 김미진 저자가 알려주는 스피치 교육법

머리말

《당당함을 키워주는 스피치 교육 프로그램》은 스피치 교육 프로그램의 실제로, 저자가 학교 및 기업체 출강 등 스피치 수업에서 진행했던 프로그램을 중심으로 구성하였다.

총 20회를 기준으로 했으며, 회기마다 적절한 수업자료와 활동지 등을 수록하여 스피치 교육의 전문가가 아니더라도 누구나 스피치 수업을 진행할 수 있도록 하였다.

20회기에 걸쳐 전체적인 흐름과 세부 계획안을 제시하여 독자들이 프로그램을 쉽게 적용하여 교육할 수 있게 하였고 나아가 새롭게 학습 계획안을 구성할 수 있도록 세부 내용을 정리하였다. 1회기부터 7회기까지는 순서대로 진행하는 것이 좋고 다른 회기는 순서를 바꿔서 진행해도 무관하다.

자기 생각을 효과적으로 표현하는 말하기 능력은 무엇보다도 중요한데, 말 잘하는 능력은 한순간에 만들어지는 게 아니므로 체계적으로 바르고 정확하게 말하는 습관을 들여야 한다.

말하기는 무턱대고 연습한다고 되는 것이 아니라 제대로 알고 방향을 잡아 연습할 때 실력을 향상할 수 있다. 이 책에서는 스피치 이론을 바탕으로 바른 언어습관을 기르는 방안을 제시하고자 했다.

스피치 교육이 필요한 다양한 연령층에 단순한 말하기 스킬뿐만 아니라 사회성 발달과 리더십 강화까지 도움을 주는 데 이 책이 활용되기를 바란다.

CONTENTS

스피치 교육 프로그램 계획안

과목명	당당하고 자신감 있는 스피치			
대상	학생 및 성인		교육 기간	20회
교육 목표	스피치 이론을 바탕으로 바른 언어습관을 길러주어 사회성 발달과 리더십 강화에 도움을 줄 수 있다.			
회차	주제	목표	학습 내용	
1회	스피치의 중요성	스피치의 의미와 중요성을 알 수 있다.	- 스피치의 의미와 중요성 - 메라비언의 법칙 - 호감 가는 스피치	
2회	스피치 진단	말하기 실력을 점검해보고 훈련방안과 강점을 알아본다.	- 스피치 진단표를 통한 실력 진단 - 스피치 평가요소 확인 - 개별 훈련방안 제시 - 개인별 스피치 강점 찾기	
3회	발표 불안증	발표 불안증의 원인과 극복 방법을 알 수 있다.	- 발표 불안증의 의미 - 발표 불안증의 원인 - 발표 불안증 극복방안	
4회	경청	경청의 중요성과 효과적인 경청 방법을 알 수 있다.	- 경청의 의미와 중요성 - 잘못된 경청 방법 - 효과적인 경청 방법	
5회	기초 보이스 훈련	발성의 원리와 복식호흡 방법을 알아본다.	- 목소리 진단표를 통한 목소리 진단 - 목소리의 요소 및 전달체계 - 발성 기관과 발성 연습 - 복식호흡	
6회	정확한 발음 1	정확한 발음을 알 수 있다.	- 발음이란 - 정확하게 발음이 안 되는 이유 - 발음과 목소리 교정	
7회	정확한 발음 2	정확하게 말하는 방법을 알 수 있다.	- 정확한 발음을 위한 훈련 - 정확한 발음 요령 - 띄어 읽기 방법 - 헷갈리는 발음 방법	
8회	비언어적 표현	비언어적인 표현을 알고 적절하게 표현할 수 있다.	- 비언어적인 표현(표정, 시선, 자세, 제스처 등) - 상대에게 호감을 주는 제스처 - 주의해야 할 제스처	
9회	감정 표현하기	다양한 감정을 알아보고 표현할 수 있다.	- 감정의 특징 - 다양한 감정 알고 표현하기 - 부정적인 감정 조절 방법 - 감정 일기 작성법	

10회	즉흥 스피치	즉흥 스피치의 구조를 알고 자기소개를 할 수 있다.	- 즉흥 스피치의 요령과 구조 - 즉흥 스피치 잘하는 방법 - 실전 스피치를 위한 주제 정하기 - 자기소개
11회	신뢰감 있는 목소리	뉴스 원고를 통해 신뢰감 있는 목소리를 표현할 수 있다.	- 방송언어란? - 정보전달 스피치 - 뉴스 원고 작성하는 법
12회	표현력 있는 목소리	시 낭송을 통해 표현력 있는 목소리로 말할 수 있다.	- 시의 선택과 이해 - 시 낭송 방법 - 표현력 있게 말하기
13회	자신감 있는 목소리	연설문 원고를 통해 자신감 있는 목소리를 연습한다.	- 자신감 있는 스피치 - 연설문 낭독 방법 - 연설문 낭독 연습
14회	생동감 있는 목소리	리포터 원고를 통해 생동감 있는 목소리로 말할 수 있다.	- 리포팅 원고 작성법 - 리포터 원고 연습 - 인터뷰 방법 - 인터뷰 계획서 작성하기
15회	토의와 토론	토의와 토론의 차이점을 알고 당당하게 자신의 의견을 표현할 수 있다.	- 토의와 토론의 의미와 차이점 - 토의와 토론 방법 - 토의와 토론 주제 예시 - 토의 토론 평가 활동지
16회	스토리텔링	스토리텔링의 구성법을 알고 표현할 수 있다.	- 스토리텔링의 개념과 특성 - 시나리오 작성법 - 스토리텔링 사례
17회	프레젠테이션	프레젠테이션의 방법을 알 수 있다.	- 프레젠테이션의 준비 - 무대 활용법 - 프레젠테이션 스토리 구성법
18회	행사 사회	행사의 사회를 진행하는 방법을 알 수 있다.	- 행사 사회 무대 매너 - 사회 진행 스킬 - 사회 진행 시 주의점
19회	3분 스피치	3분 스피치의 구조를 알고 자신 있게 말할 수 있다.	- 3분 스피치의 목적과 구조 - 3분 스피치를 위한 준비 - 3분 스피치 주제
20회	설득 스피치	설득을 위한 스피치의 구성법을 알 수 있다.	- 설득을 위한 스피치의 구성 - 설득을 위한 화법 - 설득 말하기 유의할 점

01

스피치의 중요성

- 스피치란? -

SPEECH

♧ 프로그램 세부 계획안

과목명	당당하고 자신감 있는 스피치		
대상	학생 및 성인	회기(시간)	1회기
교육 목표	스피치의 의미와 중요성을 알 수 있다.		
학습주제	지도과정 및 내용		유의사항
스피치의 중요성	◆ 도입 1. 스피치란 무엇일까? 2. 스피치와 웅변 영상 시청 후 이야기 나누기 ◆ 전개 1. 스피치와 웅변의 의미 2. 스피치의 중요성 3. 메라비언의 법칙 4. 호감 가는 스피치의 조건 5. 따뜻한 말로 상대를 설득했던 경험과 상대에게 일방적으로 　　말했던 경험 나누기 ◆ 정리 1. 활동을 마치며 소감 나누기 2. 다음 회기에 관해 안내하기		

1. 스피치 vs 웅변 (양방향 소통 vs 일방적인 전달)

❶ 스피치

- 스피치(Speech)는 화법 혹은 화술로 번역할 수 있다. 이것의 사전적 의미는 말하기, 말씨, 말투, 발언, 화법 등으로 설명할 수 있으며 '말하는 능력'을 통칭하는 말로도 쓰인다.
- 흔히 '스피치'라고 하면 대중 연설만을 연상하는 경우가 많은데 현대 사회에서 스피치는 매우 다양한 형태를 띠고 있다.
- 현대의 스피치는 우리가 살아가는 일상의 모든 영역을 포함한다고 볼 수 있다. 작게는 가정에서 이루어지는 밥상머리 대화에서부터 시작된다고 할 수 있다.
- 스피치는 거창하고 특별한 것이 아니라 일반적으로 사용하는 말의 모든 것이라고 할 수 있다.
- 화법(Speech Manner) + 화술(Speech Skill) = 화력(Power Speech)

❷ 웅변

- "이 연사 힘차게 외치고 외칩니다."는 웅변하면 대표적으로 떠오르는 문장이다.
- 웅변은 나의 주장을 논리적으로 강하게 전달하는 말하기다.
- 스피치라고 하면 웅변을 많이 떠올리곤 하는데 덕분에 큰 목소리로 강하게 주장하는 것이 자신감 있는 말하기라고 생각하는 사람도 많다.
- 웅변은 자신의 의견을 강력하게 주장하는 스피치의 한 분야로 생각하면 된다.

2. 스피치의 중요성

- 현대 사회에서 화술은 자기표현의 중요한 도구이고, 인간관계의 열쇠이며, 비즈

니스에서는 상대를 설득하고 거래를 성사시키는 수단이다. 화술은 현대인의 필수 능력이다.

- 스피치는 효과적인 의사소통의 기술을 의미하는데 직접적으로 말하기(Verbal Communication)와 간접적으로 말하기(Nonverbal Communication)가 있다.

3. 메라비언의 법칙

- 대화에서 시각과 청각 이미지가 중요시된다는 커뮤니케이션의 이론
- 한 사람이 상대방으로부터 받는 이미지는 시각이 55%, 청각이 38%, 언어가 7%라는 법칙
- 시각 이미지: 자세, 용모, 복장, 제스처 등 외적으로 보이는 부분
- 청각 이미지: 목소리의 톤, 음색, 억양, 목소리 크기

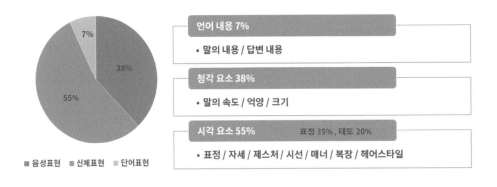

4. 호감 가는 스피치의 조건

❶ 밝은 표정

- 밝은 표정은 환영의 메시지를 전달하며, 엄숙하거나 어두운 표정은 방어나 거절의 메시지를 전달한다. 특히 무표정은 인간관계의 단절을 의미한다.

❷ 밝은 음성

- 상냥하고 밝은 음성은 듣는 이를 기분 좋게 만든다. 그러나 무성의하거나 어두운 음성은 그 사람뿐만 아니라 분위기마저 어둡게 만든다.

❸ 밝은 내용

- 낙관적이고 긍정적이며 적극적인 말이 사람을 사로잡는다. 비판적, 부정적, 소극적인 말은 상대를 기분 나쁘게 만든다.

❹ 밝은 마음

- 매사를 긍정적이고 적극적으로 받아들여야 한다. 마음이 부정적이거나 소극적이면 밝은 표정, 밝은 음성, 밝은 내용이 나오지 않는다.

5. 따뜻한 말로 상대를 설득했던 경험과 상대에게 일방적으로 말했던 경험 나누기

02

스피치 진단
- 나의 말하기 실력은? -

SPEECH

♧ 프로그램 세부 계획안

과목명	당당하고 자신감 있는 스피치		
대상	학생 및 성인	회기(시간)	2회기
교육 목표	말하기 실력을 점검해보고 훈련방안과 강점을 알아본다.		

학습주제	지도과정 및 내용	유의사항

스피치 진단	◆ 도입
	1. 평소 자신의 말하기 실력은 몇 점일까요?
	  - 싯다운 스피치 vs 스탠딩 스피치
	  - 일대일 상황 vs 여러 사람 앞의 상황
	
	◆ 전개
	1. 스피치 진단표를 통한 스피치 진단
	2. 스피치 평가표를 통해 스피치 평가요소 확인
	3. 스피치 진단에 따른 개별 훈련방안 이야기 나누기
	4. 자신만의 스피치 강점 이야기 나누기
	
	◆ 정리
	1. 활동을 마치며 소감 나누기
	2. 다음 회기 안내하기	

♧ 스피치 진단표

이름			날짜:		
질문			그렇다	아니다	보통이다
1. 말을 잘하는 사람이라고 생각한다.					
2. 목소리가 작다는 말을 자주 듣는다.					
3. 화가 나지 않았는데 사람들이 "화났어?"라고 물을 때가 있다.					
4. 혀 짧은소리 또는 말투가 어린아이 같다는 소리를 많이 듣는다.					
5. 코맹맹이 같은 소리가 난다.					
6. 입을 크게 벌리지 않고 웅얼거리듯 말하는 편이다.					
7. 말이 빠른 편이다.					
8. 말끝을 흐리는 편이다.					
9. 말을 더듬는 편이다.					
10. 말하는 도중에 적당한 단어가 잘 떠오르지 않을 때가 많다.					
11. 머릿속의 생각을 정리해서 말하기가 어렵다.					
12. 내가 재미있는 이야기를 해도 친구들이 잘 웃지 않는다.					
13. 상대의 눈을 쳐다보지 않은 채 말하는 편이다.					
14. 사람들 앞에서 발표할 때면 얼굴이 빨개지고 떨린다.					
15. 말을 하면서 손이나 발 등을 너무 많이 움직인다.					
추가 의견					

1. 스피치 진단표 활용 안내

- 그렇다 0~5개: 말하기 고급반(자신의 강점을 살리는 개발 필요)

  그렇다 6~10개: 말하기 중급반(자신의 취약점을 아는 훈련이 필요)

  그렇다 11개 이상: 말하기 초급반(전반적인 말하기 노력이 필요)

♧ 스피치 평가표

차원	항목	평가내용	점수				
			5	4	3	2	1
음성적 요인	발성	목소리가 가라앉지 않고 명확히 말했는가?					
	발음	또박또박 말했는가?					
	억양	리듬감 있게 말했는가?					
	속도	적당한 속도로 말했는가?					
	쉬기	문장과 문장 사이에 적절히 쉬었는가?					
	크기 강세	소리를 적절히 조절하고 강조했는가?					
내용	논리성	원인과 결과, 근거, 사례 등을 제시했는가?					
	적시성	필요한 말을 적절히 했는가?					
	표현성	흉내 내는 말 등을 사용해 실감 나게 표현했는가?					
몸짓 언어	자세	안정감 있게 서서 말하고 몸 움직임이 자연스러웠는가?					
	제스처	제스처를 적절히 사용했는가?					
	표정	자신감 있는 표정으로 말했는가?					
	눈 맞추기	사람들을 보면서 말했는가?					
전체 평가							

발표 불안증

- 발표 불안증 극복하기 -

SPEECH

♧ 프로그램 세부 계획안

과목명	당당하고 자신감 있는 스피치		
대상	학생 및 성인	회기(시간)	3회기
교육 목표	발표 불안증의 원인과 극복 방법을 알 수 있다.		
학습주제	지도과정 및 내용		유의사항

발표 불안증	◆ 도입
	1. 발표 불안증에 관한 경험 나누기
	
	◆ 전개
	1. 발표 불안증이란?
	  - 발표 불안증의 의미
	  - 발표 불안증의 증상
	2. 발표 불안증의 원인
	3. 발표 불안증 극복방안
	4. 발표 불안증 극복 사례
	
	◆ 정리
	1. 발표 불안증 극복 다짐
	2. 다음 회기 안내하기		

1. 발표 불안증

- 발표 불안증 = 발표 울렁증 = 무대 공포증
- 다른 사람 앞에서 말할 때 불안감으로 인해 신체적, 정신적으로 나타나는 다양한
  증상

· 발표 불안증의 증상 ·

1. 심장이 두근거린다.
2. 손바닥에 땀이 난다.
3. 입이 마른다.
4. 다리가 후들거린다.
5. 얼굴이 빨개진다.
6. 말소리가 떨리거나 더듬거린다.
7. 얼굴 근육에 경련이 일어난다.

2. 발표 불안증 원인

- 타인을 지나치게 의식
- 완벽함을 보여주고 싶다는 압박과 욕망
- 높은 기대감
- 약한 멘탈
- 부족한 연습

3. 발표 불안증 극복방안

① 심호흡
- 복식호흡을 통한 숨 고르기(사람이 당황했을 때 4.5배 이상의 산소가 필요해서 호흡이 빨라지고, 입안에 침이 마르며 말문이 막힌다)

② 남을 지나치게 의식하는 생각 버리기
- 사람들은 생각보다 남에게 관심이 없음(한 실험에서 매우 눈에 띄는 옷을 입고 나갔을 때 8%만이 기억했다)
- 안면홍조나 목소리 떨림은 상대가 인지하지 못하는 경우가 많음. 발표자가 느끼는 상태의 10%도 느끼지 못함

③ 철저하게 준비하기
- 연단에 오르고 내리는 것까지 포함해 스피치 전 과정에서 자세와 목소리 표정 등 자신의 모습을 구체적으로 떠올리면서 준비
- 발표 장소에서 미리 연습하기
- 거울 앞에서 자기 모습을 보며 연습하거나 발표하는 모습을 녹음하고 녹화하여 모니터링 하기

④ 긍정적인 결과에 집중하기
- '지난번처럼 이번에도 실패할 것이 뻔해'라는 생각 버리기
- 부정적인 생각보다는 긍정적 결과를 더 많이 상상하고 집중하기

⑤ 발표 경험을 많이 쌓기
- 기회가 있을 때마다 말하기 경험을 쌓는 것

4. 발표 불안증 극복 사례

- 개그맨 유재석: 처음 데뷔했을 때 심한 불안증으로 무대에 서면 너무 떨려서 아무 말도 못 하고 무대에서 그대로 내려옴
- 가수 아이유: 잘나가던 시절, 무대 공포증으로 슬럼프 겪음. "무대랑 방송, 카메라가 너무 무서웠다. 주목을 받으니까 얼굴이 빨개지고 땀이 나고 무대에서 노래를 못하겠더라."
- 가수 보아: "일본에서 라이브 무대를 망친 이후로 무대 공포증이 생겨서 지금까지도 엄청 심하다. 무대에 서는 게 제일 무섭다."
- 그 외 무대 공포증을 극복한 다양한 사례 소개

04

경청
- 경청의 중요성 -

SPEECH

◌ 프로그램 세부 계획안

과목명	당당하고 자신감 있는 스피치		
대상	학생 및 성인	**회기(시간)**	4회기
교육 목표	경청의 중요성과 효과적인 경청 방법을 알 수 있다.		

학습주제	지도과정 및 내용	유의사항

경청	◆ 도입
	1. 자신이 생각하는 경청이란 무엇인지 이야기 나누기
	
	◆ 전개
	1. 경청 진단평가표를 통한 경청 진단
	2. 경청의 의미
	3. 경청의 중요성
	4. 잘못된 경청 방법
	5. 효과적인 경청 방법
	6. 경청하게 만드는 방법
	7. 경청의 사례
	  - 오프라 윈프리
	  - 이금희 아나운서
	
	◆ 정리
	1. 경청에 대한 다짐 이야기 나누기
	2. 다음 회기 안내하기	

1. 경청 진단평가표를 통한 경청 진단

2. 경청傾聽의 의미

- 기울 경(傾): 사람이 귀를 쫑긋 세우고 상대방에게 다가가는 형태
- 들을 청(聽): 임금님(王)의 귀(耳)와 열 개(十)의 눈(目)으로 집중하여 한마음(一心)으로 듣는다는 의미
- 화려한 말 기술보다 상대방의 말을 집중해서 듣고 적절한 질문을 던지며 상대방이 더 이야기하고 싶도록 대화를 이끌어가는 것
- 의사소통의 기본적 과정으로써 상대방이 전달하고자 하는 메시지 내용에 주의를 기울이고, 이해하려고 노력하는 행동
- 수동적 행위가 아닌 상대방의 비언어적 행동을 주의 깊게 관찰하고 이해하기 위해 노력하는 능동적인 몰입

3. 경청의 중요성

- 상대의 의견과 생각을 공유하고 소통할 수 있음
- 경청하지 않으면 상대방과 정확한 대화를 나누기 어려움
- 상대방과 신뢰 관계를 형성
- 상대방에게 존중받고 있다는 느낌 전달
- 상대가 어떤 생각을 지니고 있는지 파악하게 되고, 문제를 해결하는 데 도움을 줄 수 있음
- 내가 필요치 않은 말을 하는 것을 막아줌. 해야 할 말과 하지 말아야 할 말을 구분

시켜주는 시간

- 상대가 원래 말하고자 했던 것보다 많은 것을 말하도록 해줌

4. 잘못된 경청 방법

- 상대방이 말할 때 다른 생각하기

- 말 중간에 끊고 자기 생각 이야기하기

- 상대방의 말에 대한 옳고 그름을 판단하고 조언하기

- 상대방의 말을 부정하기

- 감정 없는 리액션하기

5. 효과적인 경청 방법

- 상대방의 말을 가로채지 않기
- 맞다 틀리다가 아닌 이해와 수용
- 논쟁에서 상대방의 주장을 먼저 들어주기
- 상대방의 눈을 바라보기
- 귀로만 듣지 말고 오감을 통해 적극적으로 들어주기
- 열린 마음으로 다른 사람의 의견 생각, 가치 등을 수용하고 인정해주기
- 해결책을 주는 우위에 있는 사람이 아님을 인지하고 듣기
- 긍정의 맞장구를 쳐주기
  - 상대가 한 말 중에서 가장 중요한 말을 반복해주기
  - 대화가 단답으로 끝나지 않고 앞으로 나아가도록 맞장구를 쳐주기

- 상대가 한 말에 자기의 의견을 곁들이는 것이 전문적인 맞장구

6. 경청하게 만드는 방법

- 스피치를 깔끔하게 한다.
- 재미있는 화제를 선정한다.
- 지나치게 자세한 내용은 피한다.
- 자료를 짜임새 있게 구성한다.
- 비언어적인 단서를 민감하게 포착한다.

7. 경청의 사례

● 오프라 윈프리

- 오프라 윈프리 쇼를 분석해보았다. 평균적으로 60분 방송에서 듣는 행동이 50분, 말하는 행동은 10분에 불과했다.
- "아, 그랬군요?", "그랬군요!", "놀라운데요.", "조금 더 이야기해주실래요?", "저도 그런 적이 있어요.", "정말 대단하네요." 이런 추임새와 함께 자신의 의견을 피력하거나 주장하지 않고 적극적인 행동으로 출연자의 말에 반응했다.

❷ 이금희 아나운서

- '아침마당'을 진행할 때 출연자와 눈을 마주치며 따뜻한 눈빛으로 경청했다.
- 경청의 달인으로 칭송받으며 18년 동안 프로그램 진행했다.
- 이산가족 상봉 프로그램에서 한쪽 무릎을 꿇은 채 인터뷰를 진행했다.

♧ 경청 진단평가표(해당하는 것에 체크 표시하세요.)

	A	
1	상대방과 이야기할 때 눈을 마주친다.	
2	상대가 말을 완전히 마칠 때까지 끼어들지 않는다.	
3	상대방의 표정, 몸짓, 침묵 등 비언어적인 부분에 주의를 기울인다.	
4	상대방의 감정에 이입이 된다.	
5	상대에게 몸을 기울인다.	
6	상대방의 말을 정확하게 이해했는지 확인하기 위해 요약해서 다시 확인한다.	
7	들리는 이야기의 이면과 상대방의 의도를 파악한다.	
8	필요하다면, 대화 내용을 메모한다.	
9	정확하게 이해하기 위해 상대방에게 질문을 던진다.	
10	상대의 말을 평가하지 않고 일단은 무조건 인정해준다.	
	총계	
	B	
1	상대방의 눈을 바라보지 않는다.	
2	해야 할 일, 과거에 있었던 일 등 여러 가지 생각을 하면서 듣는다.	
3	스마트폰을 보거나 주변의 물건을 만지는 등 다른 일을 하면서 이야기를 듣는다.	
4	상대방의 말을 끊고 결론 또는 요점이 무엇인지 물어본다.	
5	상대방의 말을 듣고 나와 다른 생각을 고치도록 조언해준다.	
6	상대방의 말이 끝나면 내가 무슨 말을 할지 생각한다.	
7	상대방의 말이 빨리 끝났으면 좋겠다고 생각한다.	
8	상대의 이야기는 재미가 없어서 내 이야기를 더 많이 하고 싶다.	
9	상대의 말은 사실 별 관심이 없다.	
10	상대가 이야기할 때 내용보다 상대의 옷차림이나 물건에 관심이 더 간다.	
	총계	

- A 질문지의 체크 개수가 많을수록 경청 지수가 높음
- B 질문지의 체크 개수가 많을수록 경청 지수가 낮음

05

기초 보이스 훈련
- 보이스 점검 -

SPEECH

♧ 프로그램 세부 계획안

과목명	당당하고 자신감 있는 스피치		
대상	학생 및 성인	회기(시간)	5회기
교육 목표	발성의 원리와 복식호흡 방법을 알아본다.		
학습주제	지도과정 및 내용		유의사항
기초 보이스 훈련	◆ 도입 1. 목소리 고민에 관해 이야기 나누기 ◆ 전개 1. 목소리 진단표를 통해 보이스 진단 2. 목소리 　- 목소리의 6가지 요소 　- 목소리의 분류 및 중요성 　- 소리의 전달체계 3. 발성 기관과 발성 연습 4. 복식호흡 ◆ 정리 1. 보이스 진단 후 취약한 부분 연습하기 2. 다음 회기 안내하기		

사람들은 성공한 이들의 실패는 별로 관심이 없다. 단지 현재 성공해 있는 모습에 환호와 부러움을 보낼 뿐 실패했던 과거 따위는 별로 궁금해하지도 않는다.

어떤 일을 하는 동안 실패를 하더라도 그 일에 대한 노하우가 생긴다. 그동안의 들인 시간과 경험이 성공에 가깝도록 밑거름이 되고 있는 것이다.

성공한 사람들은 무슨 일이든지 시도해보는 것을 두려워하지 않는다.

성공한 사람들은 어떤 일에나 항상 실패의 가능성이 있다는 사실을 알고 있다.

그들은 실패를 싫어하지만 실패를 두려워하지는 않는다.

성공으로 가는 길을 가득 메운 실패자들은 일시적인 실패자일 뿐 결코 영원한 실패자는 아니다. 그들은 반드시 일어난다. 그들은 쓰러질 때마다 다시 일어선다. 그들은 멀지 않아 다시 일어설 것이며 끝내는 성공한다는 것을 분명히 알고 있다.

- 《당당함을 키워주는 말》 중에서

♣ 목소리 진단표

구분	질문	결과
발음	발음문제는 없는가?	자음 / 모음 / 이중모음 / 받침 / 기타( )
발성	목소리 크기는?	작다 / 크다 / 적당하다
	입 모양은 적당한가?	그렇다 / 보통이다 / 아니다
리듬	적당한 리듬감과 강조를 하였는가?	그렇다 / 보통이다 / 아니다
호흡	복식호흡법으로 발음했는가?	그렇다 / 보통이다 / 아니다
	적당한 속도로 말했는가?	그렇다 / 보통이다 / 아니다
	강약을 넣어 말했는가?	그렇다 / 보통이다 / 아니다
목소리	내용과 목소리의 분위기가 어울리는가?	그렇다 / 보통이다 / 아니다

1. 목소리

- 허파에서 나오는 공기가 성대와 입과 코 등의 공간을 통과하면서 조정을 받아 생
  겨남
- 성대의 모양, 떨림, 진동수는 사람마다 다름
- 마이크를 통한 목소리와 녹음된 목소리는 어색하게 느껴짐
- 자기 목소리를 녹음해서 듣고 정확한 파악 필요
- 자신의 목소리가 맘에 안 드는 현상은 익숙하지 않아서 일시적으로 갖게 되는 생
  각임(일반인 500명 대상으로 목소리 만족도를 조사했을 때 58%의 사람들이 자신의 목소리에
  불만족한다고 대답)
- 목소리는 40%는 타고난 것이고 나머지는 후천적인 노력으로 변경 가능

① 목소리의 6요소

- 빠르기: 주어진 시간 내에 얼마나 많은 말을 하느냐를 가리킴. 때로는 느리게, 때
  로는 빠르게 진행하면서 호흡의 완급을 조절하는 것
- 크기: 목소리가 얼마나 멀리 울려 퍼지는지를 결정함. 마이크 사용 여부로 조정
  함. 모든 청중이 충분히 들을 수 있을 정도
- 높이: 목소리의 높낮이는 소리의 억양을 만들어냄. 목소리의 높이는 예리함을,
  크기는 강함을 가리킴 → 높낮이는 노래의 계명, 크기는 '여리게', '세게' 등
  과 유사함
- 길이: 한 음절을 얼마나 오래 끌며 발음하느냐를 가리킴. 우리 한글은 긴소리, 짧
  은소리를 구분해서 발음할 필요가 있음
- 쉬기: 단어와 단어, 구와 구, 절과 절, 문장과 문장 사이에서 쉼. 단어와 단어 사
  이가 가장 짧음. 서론, 본론, 결론 사이에서 쉬는 시간이 가장 길어야 함
- 힘주기: 자신이 강조하고자 하는 중요한 단어나 구에 강세를 주기. 내용상 얼마

나 중요한가에 따라 결정됨

② 목소리의 분류 및 중요성

- 음량: 목소리가 얼마나 크냐, 작으냐
- 음폭: 목소리가 굵으냐, 가느냐
- 음질: 목소리가 맑으냐, 탁하냐
- 음색: 다른 사람과 구별되는 목소리

③ 소리의 전달체계

- 본 컨덕트(Bone conduct): 자기의 목소리를 들을 때 목소리가 귓바퀴와 성대로부터 직접 고막을 통해 들림
- 에어 컨덕트(Air conduct): 다른 사람의 목소리를 공기의 진동을 통해 들음

3. 발성 기관과 발성 연습

① 발성 기관

- 발생기: 소리의 크기를 좌우(허파)
- 진동기: 음성을 만들어냄(후두, 성대)
- 공명기: 음색과 음질을 결정(입 뒤쪽에 있는 공간)
- 발음기: 소리를 말로 만드는 작용(입술, 혀, 볼, 이, 입천장)

② 발성 연습(3단계)

- 나는 많은 사람에게 환한 미소를 선물합니다. (30%)
- 나는 많은 사람에게 따뜻한 미소를 선물합니다. (60%)

- 나는 많은 사람에게 온화한 미소를 선물합니다. (90%)

❸ 발성 연습(4단계)

- 하나면 하나지 둘이겠느냐. (10%)

- 둘이면 둘이지 셋이겠느냐. (30%)

- 셋이면 셋이지 넷이겠느냐. (60%)

- 넷이면 넷이지 다섯 아니야. (90%)

❹ 발성 연습(5단계)

- 희망이 있는 자에게는 신념이 있고 (20%)

- 신념이 있는 자에게는 목표가 있고 (40%)

- 목표가 있는 자에게는 계획이 있고 (60%)

- 계획이 있는 자에게는 실천이 있고 (80%)

- 실천이 있는 자에게는 진정한 성공이 있습니다. (100%)

- 언어가 바뀌면 생각이 바뀌고 (20%)

- 생각이 바뀌면 행동이 바뀌고 (40%)

- 행동이 바뀌면 습관이 바뀌고 (60%)

- 습관이 바뀌면 인격이 바뀌고 (80%)

- 인격이 바뀌면 운명이 바뀐다. (100%)

4. 복식호흡 연습

1) 코를 통해 최대한 깊게 숨을 마시면서 배를 최대한 내밀기

 - 배가 부풀어 오르는 것을 손으로 감지할 수 있을 만큼 숨을 들이마시고 어깨,
 가슴이 움직이지 않도록 주의

2) 숨을 최대한 들이마신 상태에서 1초 정도 숨을 멈추기

3) 숨을 뱉어서 배를 완전히 수축시키는데 코나 입을 통해 배가 쑥 들어갈 정도로 숨을
 내쉬기

 - 최대한 길게 내뱉는다는 생각으로 호흡

4) 시간과 호흡 횟수를 늘려가기

 - 복식호흡으로 숨이 후두 위치로 내려오고 공명 강도가 길어져 울림 있는 목소
 리가 만들어짐

 - 어깨와 목에 힘을 빼고 신체를 자유롭게 하기

 - 실제 대화에서는 표현에 필요한 만큼의 숨을 들이마시기(작은 감정엔 작은 호흡,
 큰 감정엔 큰 호흡)

복식호흡 연습

❶ 복식호흡 심화 연습

1) 코로 숨을 들이마시기

- 코로 숨을 들이마셔야 더 깊은 호흡을 할 수 있다.

- 입으로는 짧은 시간에 여러 번 호흡할 수 있지만 깊게 숨을 들이마시기가 어렵다.

- 입으로 숨을 들이마시면 말할 때마다 숨 차는 소리가 나와서 듣는 사람을 불편하게 만든다.

2) 입으로 내쉬기

- 코로 숨을 들이마셨다면 이제 입으로 내쉰다. 입으로 숨을 내쉬면 코로 내쉴 때 비음이 섞이는 단점을 막을 수 있다. 또 내보내는 숨의 양을 조절하여 천천히 길게 호흡해나갈 수 있다.

- 숨을 들이마시고 내쉴 때 어깨가 올라갔다 내려왔다 한다면 '가슴호흡'을 하고 있는 것이다. 이제는 어깨가 들썩이는 얕은 가슴호흡 대신 배가 움직이는 깊고 안정적인 복식호흡을 해보자.

- 배 속에 풍선이 하나 들어 있다고 생각해보자. 코로 숨을 들이마시면 몸속으로 공기가 들어가 풍선이 부풀어 오른다. 그러면 풍선이 커지기 때문에 자연히 배가 나와야 한다. 그리고 "스~" 하고 입으로 숨을 내쉬면 풍선의 공기가 점점 빠지면서 배도 쑥 들어간다.

- 복식호흡은 단번에 익히기 어렵다. 배가 반대로 움직이거나 어깨가 계속 움직이기도 한다. 이때 의식적으로 배를 내밀고 넣는 연습을 해보자. 숨을 들이마시며 일부러 배를 내밀고, 내쉬면서 일부러 배를 넣어 본다.

　　　　　㉠ 4초 숨 들이마시고 4초 내뱉기

　　　　　㉡ 4초 숨 들이마시고 8초 내뱉기

　　　　　㉢ 4초 숨 들이마시고 15초 내뱉기

　　　　　㉣ 4초 숨 들이마시고 2초 멈추고 8초 내뱉기

　　　　　㉤ 4초 숨 들이마시고 2초 멈추고 15초 내뱉기

❷ 복식호흡 강화 훈련

- 하하 하하하, 하하 하하하

- 철철 철철철, 철철 철철철

- 콸콸 콸콸콸, 콸콸 콸콸콸

- 팡팡 팡팡팡, 팡팡 팡팡팡

- 퉤퉤 퉤퉤퉤, 퉤퉤 퉤퉤퉤

❸ 장기를 건강하게 하는 소리

- 콧노래를 흥얼거리면 축농증 예방에 좋음

- 신체의 특정한 장기가 울리는 소리

　　　　　㉠ 심장: 아~

　　　　　㉡ 위, 간: 이~

　　　　　㉢ 방광, 신장: 우~, 쉬~

　　　　　㉣ 폐: 허

　　　　　㉤ 몸 전체: 음~

06

정확한 발음 1
- 정확한 발음 알기 -

SPEECH

♧ 프로그램 세부 계획안

과목명	당당하고 자신감 있는 스피치		
대상	학생 및 성인	회기(시간)	6회기
교육 목표	정확한 발음을 알 수 있다.		
학습주제	지도과정 및 내용		유의사항
정확한 발음	◆ 도입 1. 발음이 어려운 단어 발음해보기 ◆ 전개 1. 발음이란 2. 정확하게 발음이 잘 안 되는 이유 3. 목소리 교정 4. 발음이 어려운 단어와 문장 연습 ◆ 정리 1. 어려운 발음 반복해서 연습하기 2. 다음 회기 안내하기		

1. 발음

- 발음은 글을 쓸 때의 맞춤법과 같음
- 정확한 발음은 세련되고 지적인 이미지와 함께 신뢰감을 더해줌
- 발음은 혀의 근육 기억이 움직이는 과정
- 발음에 영향을 미치는 요소: 입술과 혀, 턱의 움직임, 장단음의 구분과 말의 속도

2. 정확하게 발음이 잘 안 되는 이유

- 자신감 부족
- 입을 크게 안 벌려서
- 혀를 잘 안 움직여서
- 평소 발음습관
- 발성 기능의 경직

3. 목소리 교정

❶ 어린아이 말투 교정
- 조사나 어미를 내린다.
- '안녕하십니까.', '그랬습니다.' 등을 발음할 때 어미를 반복적으로 올리거나 힘을 주지 않는지 체크
- 어미나 조사를 올리거나 힘을 주게 되면 중요한 단어는 들리지 않고 의미 구분이 명확히 되지 않음

- '안녕하십니까? 김미진입니다.'에서 '안녕', '김미진'은 강조하고 '니까', '니다'는 하강 조로 내리는 연습하기
- 이때 '니까'는 의문형이고 다음 문장과 이어지기 때문에 끝을 살짝 올리는 느낌으로 이어가되 강하게 발음히지 않기

❷ 허짧은 소리 교정

- 톤을 낮추기
- 아성(아기 목소리)을 쓰는 사람들은 대체로 톤이 높거나 성대를 조이면서 말함
- 인위적인 목소리로 성대를 지나치게 조이면서 말을 하므로 목에 무리가 가게 됨
- 평소 후두 위치를 손으로 확인해본 뒤에 '아' 발성으로 말해보거나 남자 목소리를 흉내 내면 자연스럽게 톤이 내려감
- 복식호흡을 통해 목소리 톤을 낮추면 깊고 울림 있는 목소리 가능

❸ 웅얼거리는 말투 교정

- 말을 끌지 않기
- 뉴스를 집중해서 보지 않아도 뉴스 내용이 잘 들리는 이유는 조사나 어미를 끌지 않고 짧게 끊기 때문임. 이렇게 하면 핵심 단어만 쏙쏙 들리게 됨
- 키워드를 강조하여 말을 하는 습관을 들이면 아성 고쳐짐

❹ 비음(콧소리)이 나는 경우

- 비염 또는 축농증이 있거나 발성이 잘못되어 비강이 울리며 나는 소리
- 코를 잡고 '가' 발음을 했을 때 소리가 바뀌면 울림점이 잘못된 것
- 의식적으로 소리를 앞으로 뱉는다는 느낌으로 지속적인 연습

❺ 소리를 먹는 경우

- 날숨일 때(소리를 뱉을 때) 소리가 호흡과 함께 밖으로 뻗어 나가야 하는데 소리만 나가게 되니 울림이 없고 소리를 먹는다는 느낌을 줌
- 호흡에 소리를 얹는다는 느낌으로 발성 연습할 것

❻ 톤을 못 찾겠는 경우

- 복식호흡과 발성에 대한 강박으로 소리만 크게 내는 경우 또는 억지로 톤을 낮추는 경우
- 자신에게 맞는 톤이란 본인이 낼 수 있는 가장 편안한 소리에 복식호흡을 통해 울림만을 더하는 것

❼ 목이 잘 잠기는 경우

- 그릇된 발성을 한다는 증거
- 발성 연습 시간의 규칙화를 통해서 본인의 기존 발성법 체크하고 올바른 발성법 연습

❽ 시옷 발음이 새는 경우

- 'ㅅ', 'ㅈ', 'ㅊ'은 혀의 모양이 기본 자음의 모양과 같음. 치음이 잘 안 되는 때는 이 사이가 맞닿거나 혀가 아랫니 뒤를 막는 경우이며 이때 바람이 새는 소리가 나게 됨. 이를 발음이 샌다고 표현
- 이 사이를 의도적으로 약간 뗄 수 있도록 하고 혀를 뒤로 약간 잡아당기는 느낌으로 연습
- '지, 치'도 발음원리가 같아 'ㅅ'이 해결되면 나머지 두음도 해결

❾ 리을 발음

- 리을은 니은과 발음원리 같음

- 입천장에 혀끝이 닿아야 함

- 우리말 표현 중 R로 발음하는 경우 없음

- 혀가 뒤로 말리지 않고 경구개에 정확히 닿을 수 있도록 연습

❿ 모음이 명료하지 않은 경우

- 모음은 입술이 주관

- 입술의 움직임이 제대로 되어 있지 않으면 정확한 음가를 낼 수 없음

- 어 모음과 오 모음이 비슷하게 들리는 사람은 '어' 발음할 때 턱을 밑으로 떨구어
  소리를 내지 못할 수 있음

- '오'는 촛불을 끄듯이 입술을 오므리고 '우'는 뜨거운 음식을 식히듯이 밖으로 내
  밀기

⓫ 이중모음이 안 되는 경우

- 합쳐진 모음을 두 개로 분리해서 발음하면 훨씬 쉽게 발음

- '위'의 경우 우+이

- 위원회는 '우이우언후에'로 연습

⓬ 어미가 내려가는 경우

- 단절감이 듦

- 평조를 구사해야 한다는 강박이 의식적으로 중간어미를 내리게 만듦

- 내용의 구분에 따라 어미를 의식적으로 내리지 않도록 주의

4. 발음 어려운 단어와 문장 연습

◉ **발음이 어려운 단어**

장충동족발 / 영동용봉탕 / 게살샥스핀 / 안양양장점 / 안흥팥찐빵

참치꽁치찜 / 경찰청창살 / 쿵덕더덕덕 / 한라산산삼 / 청송콩찰떡

합성착향료 / 돌솥비빔밥 / 숯불불고기 / 양념꼼장어 / 김삿갓삿갓

말맬말뚝 / 깐콩깍지 / 쇠철창살 / 방충망제거 / 농수산식물

법학박사 / 왕밤빵 / 난방방법변경 / 박남정춤 / 설명절성묘객

강력접착제 / 공간감각 / 확률분포표 / 반품상품

팥죽속찹쌀 / 국세청연말정산 / 철분혼합제재 / 철수책상철책상

틴틴탄틴토 / 디엘알파토코페롤 / 글리콜에스테르 / 실리콘디옥사이드

말토덱스트린 / 로얄뉴로얄 / 촉촉한초코칩

◉ **어려운 발음 문장**

- 들의 콩깍지는 깐 콩깍지인가 안 깐 콩깍지인가. 깐 콩깍지면 어떻고 안 깐 콩깍지면 어떠냐. 깐 콩깍지나 안 깐 콩깍지나 콩깍지는 다 콩깍지인데.

- 간장 공장 공장장은 강 공장장이고, 된장 공장 공장장은 공 공장장이다.

- 저분은 백 법학박사이고 이 분은 박 법학박사이다.

- 작년에 온 솥 장수는 새 솥 장수이고, 금년에 온 솥 장수는 헌 솥 장수이다.

- 상표 붙인 큰 깡통은 깐 깡통인가? 안 깐 깡통인가?

- 신진 샹송가수의 신춘 샹송쇼우.

- 서울특별시 특허허가과 허가과장 허 과장.

- 저기 저 뜀틀이 내가 뛸 뜀틀인가 내가 안 뛸 뜀틀인가.

- 앞집 팥죽은 붉은팥 풋 팥죽이고, 뒷집 콩죽은 해콩 단 콩 콩죽, 우리 집 깨죽은 검은깨 깨죽인데 사람들은 해콩 단 콩 콩죽 깨죽 죽 먹기를 싫어하더라.

- 우리 집 옆집 앞집 뒤 창살은 홑겹 창살이고, 우리 집 뒷집 앞집 옆 창살은 겹 홑 창 살이다.
- 내가 그린 기린 그림은 긴 기린 그림이고 네가 그린 기린 그림은 안 긴 기린 그림 이다.
- 저기 가는 저 상장사가 새 상 상장사냐 헌 상 상장사냐.
- 중앙청 창살은 쌍창살이고, 시청의 창살은 외창살이다.
- 멍멍이네 꿀꿀이는 멍멍해도 꿀꿀하고, 꿀꿀이네 멍멍이는 꿀꿀해도 멍멍하네.
- 저기 있는 말뚝이 말 맬 말뚝이냐, 말 못 맬 말뚝이냐.
- 옆집 팥죽은 붉은 팥죽이고, 뒷집 콩죽은 검은 콩죽이다.
- 경찰청 쇠창살 외철창살, 검찰청 쇠창살 쌍철창살.
- 경찰청 철창살이 쇠철창살이냐 철철창살이냐.
- 내가 그린 구름 그림은 새털구름 그린 구름 그림이고, 네가 그린 구름 그림은 깃 털 구름 그린 구름 그림이다.
- 칠월 칠일은 평창 친구 친정 칠순 잔칫날.
- 고려고 교복은 고급교복이고 고려고 교복은 고급원단을 사용했다.
- 저기 가는 상장사가 헌 상장사냐 새 상장사냐.
- 대우 로얄 뉴로얄.
- 한국관광공사 곽진광 관광과장.
- 생각이란 생각하면 생각할수록 생각나는 것이 생각이므로 생각하지 않는 생각이 좋은 생각이라 생각한다.
- 안 촉촉한 초코칩 나라에 살던 안 촉촉한 초코칩이 촉촉한 초코칩 나라의 촉촉한 초코칩을 보고 촉촉한 초코칩이 되고 싶어서 촉촉한 초코칩 나라에 갔는데 촉촉 한 초코칩 나라의 문지기가 "넌 촉촉한 초코칩이 아니고 안 촉촉한 초코칩이니까 안 촉촉한 초코칩 나라에서 살아."라고 해서 안 촉촉한 초코칩은 촉촉한 초코칩 이 되는 것을 포기하고 안 촉촉한 초코칩 나라로 돌아갔다.

◉ 발음 연습표

가	갸	거	겨	고	교	구	규	그	기
나	냐	너	녀	노	뇨	누	뉴	느	니
다	댜	더	뎌	노	됴	두	듀	드	디
라	랴	러	려	로	료	루	류	르	리
마	먀	머	며	모	묘	무	뮤	므	미
바	뱌	버	벼	보	뵤	부	뷰	브	비
사	샤	서	셔	소	쇼	수	슈	스	시
아	야	어	여	오	요	우	유	으	이
자	쟈	저	져	조	죠	주	쥬	즈	지
차	챠	처	쳐	초	쵸	추	츄	츠	치
카	캬	커	켜	코	쿄	쿠	큐	크	키
타	탸	터	텨	토	툐	투	튜	트	티
파	퍄	퍼	펴	포	표	푸	퓨	프	피
하	햐	허	혀	호	효	후	휴	흐	히

◉ 발음 연습표(이중모음)

갸	괴	겨	귀	교	궤	규	계	과	꽤	궈	걔
냐	뇌	녀	뉘	뇨	눼	뉴	녜	놔	놰	눠	내
댜	되	뎌	뒤	됴	뒈	듀	뎨	돠	돼	둬	대
랴	뢰	려	뤼	료	뤠	류	례	롸	뢔	뤄	래
먀	뫼	며	뮈	묘	뭬	뮤	몌	뫄	뫠	뭐	매
뱌	뵈	벼	뷔	뵤	붸	뷰	볘	봐	봬	붜	배
샤	쇠	서	쉬	쇼	쉐	슈	셰	솨	쇄	쉬	새
야	외	여	위	요	웨	유	예	와	왜	워	애
쟈	죄	져	쥐	죠	줴	쥬	졔	좌	좨	줘	재
챠	최	처	취	쵸	췌	츄	쳬	촤	쵀	춰	채
캬	쾨	켜	퀴	쿄	퀘	큐	켸	콰	쾌	쿼	캐
탸	퇴	텨	튀	툐	퉤	튜	톄	톼	퇘	퉈	태
퍄	푀	펴	퓌	표	풰	퓨	폐	퐈	퐤	풔	패
햐	회	혀	휘	효	훼	휴	혜	화	홰	훠	해

07

정확한 발음 2
- 정확한 발음 연습 -

SPEECH

♧ 프로그램 세부 계획안

과목명	당당하고 자신감 있는 스피치		
대상	학생 및 성인	**회기(시간)**	7회기
교육 목표	정확하게 말하는 방법을 알 수 있다.		

학습주제	지도과정 및 내용	유의사항
정확한 발음	◆ 도입 1. 맞춤법 퀴즈 ◆ 전개 1. 말하기 준비운동 2. 정확한 발음을 위한 훈련 3. '의' 발음 4. 한글 모음과 자음 5. 정확한 발음 요령 6. 띄어 읽기 방법 7. 헷갈리는 발음 ◆ 정리 1. 활동을 마치며 소감 나누기 2. 다음 회기 안내하기	

1. 말하기 준비운동

- 입술 운동: 마바파 마파바

- 턱 운동: 타나다 타나다

- 혀 운동: 라리루 라리루, 똑딱똑딱

- 립트릴: 입술을 내밀고 '부르르르' 떨기

2. 정확한 발음을 위한 훈련

❶ 모음 자음 훈련

- 스타카토(Staccato)로 한 글자씩 끊어서 읽기

- 립트릴

- 복식호흡을 통해서 소리가 날 때는 배가 들어가도록 하기

❷ 장단음의 구분

- 길게 발음해야 하는 것(장음)과 짧게 발음해야 하는 것(단음) 구분

- 형태가 같은 단어라도 의미가 다른 것

- 눈(目)과 눈:(雪) , 말(馬)과 말:(言), 밤(夜)과 밤:(栗)

- 숫자의 장음: 2, 4, 5, 만, 두(둘), 세(셋), 네(넷), 열, 쉰(총 9가지)

❸ 어려운 발음 반복해서 연습하기

❹ 입을 크게 벌리고 훈련하기

⑤ 볼펜이나 나무젓가락 물고 훈련하기

3. '의' 발음

① 낱말의 첫 글자로 올 때는 '으이'로 발음, '의'와 '이'의 소리를 2:8 정도의 비중으로 발음

- 의사 → 으이사, 의자 → 으이자, 의심 → 으이심, 의미 → 으이미

② 낱말의 끝에 올 때는 '이'로 발음

- 회의 → 회이, 정의 → 정이, 환희 → 환히

③ 조사에서는 '의'나 '에' 둘 다 발음 가능하나 '에'로 발음하는 것이 더 자연스러움

- 나의 꿈 → 나에 꿈

④ '의' 발음 연습

- 민주주의의 의미 → 민주주이에 으이미, 의사의 의무 → 으이사에 으이무, 교육의 의의의 중요성 → 교육에 으이이에 중요성

4. 한글 모음과 자음

ㄱ(기역)   ㄴ(니은)   ㄷ(디귿)   ㄹ(리을)   ㅁ(미음)   ㅂ(비읍)   ㅅ(시옷)
ㅇ(이응)   ㅈ(지읒)   ㅊ(치읓)   ㅋ(키읔)   ㅌ(티읕)   ㅍ(피읖)   ㅎ(히읗)

ㅏ(아)   ㅑ(야)   ㅓ(어)   ㅕ(여)   ㅗ(오)   ㅛ(요)   ㅜ(우)   ㅠ(유)   ㅡ(으)   ㅣ(이)

5. 정확한 발음 요령

· 입술, 혀, 턱을 원활히 움직인다.

· 말의 시작은 부드럽게, 끝은 분명하게 발음한다.

· 어려운 발음이나 중요한 부분은 천천히 발음한다.

· 파열음은 부드럽게 발음한다. (ㅋ, ㅍ, ㅌ)

· 이중모음은 정확하게 발음한다. (와, 외, 위)

· 장, 단음은 잘 살려 표현한다.

  - 겨울밤(.)에 밤(:)을 구워 동생과 함께 먹었다.

  - 눈(.)에 눈(:)이 들어가 눈(.)물이 흘렀다.

  - 다리(:)를 걸어서 건너니 다리(.)가 튼튼해집니다.

  - 소(:)는 우유를 줍니다. 소(.)나무는 산에 있어요.

  - 내 말(.)은 말(:)을 잘 들어요.

  - 벌(.) 받던 순이가 벌(:)에 쏘였네.

  - 꽃병(.)에 물을 주었어요. 꽃도 병(:)에 걸릴까.

  - 산(.)토끼라고 다 산(:) 토끼는 아니다.

6. 띄어 읽기 방법

🔵 **주어와 술어 사이는 띄어 읽기 (주어를 수식하는 것은 한숨에 읽는다.)**

  - 손주를 만난 할머니는 / 행복했어요.

  - 귀여운 아기 호박이 / 웃고 있었어요.

  - 부모의 희망인 나는 / 공부하러 도서관에 간다.

❷ **부사 다음 띄어 읽기**

- 오늘, 비로소, 아직, 왜, 아마, 글쎄, 부디, 곧, 그러나, 일찍, 과연, 또, -고, -면, -데 등

- 어느 날 / 나비들은 봄나들이 나갔어요. 일찍 / 일어났어요.

- 현자는 역사에서 배우고 / 보통 사람은 체험해서 배우고 / 우자는 겪어도 모른다.

- 과연 / 좋은 생각이구나.

- 아마 / 선물로 주고 갔나 봐요.

- 오늘에야 비로소 / 그 사실을 알았어요.

- 글쎄 / 잘 모르겠는데요.

- 먼 곳에 있더라도 / 부디 / 건강하시길 빕니다.

- 동화구연을 배우면 / 얼마나 지혜가 많아지는데 / 그걸 포기하다니….

❸ **년, 월, 일, 시, 숫자 띄어 읽기**

- 그 일은 2016년 / 1월 / 1일 / 2시경에 일어났어요.

- 1919년 / 3월 / 1일 / 정오 / 민족의 횃불로 타올랐다.

❹ **장소 뒤에 띄어 읽기**

- 북적거리는 서울역에 / 갔어요.

- 난 유치원에 / 가고 싶어요.

❺ **문장부호가 있을 때 띄어 읽기**

- 영아야. / 심부름 좀 다녀오렴.

- 아닙니다. / 그것은 제 것이 아니옵니다.

- 뭐라고? / 도대체 무슨 소리야?

- 와아! / 멋진 집이다.

⑥ **나열식 문장에서 띄어 읽기**

- 미경이는 말을 예쁘게 하고 / 은경이는 옷을 예쁘게 입고 / 인덕이는 노래를 / 잘 불러요.

- 제주도는 바람이 많고 / 여자가 많고 / 돌이 많은 / 섬이에요.

- 그는 / 집이며 / 논이며 / 밭까지 / 모두 팔아버리고 떠났어요.

⑦ **호흡과 띄어 읽기**

- 반 호흡: 이야기의 긴장과 상승을 유발시킬 때

- 한 호흡: 듣는 이와 함께 호흡하는 평행 상태(보통 해설 때)

- 긴 호흡: 생각할 시간을 제공할 때

7. 헷갈리는 발음

◉ **겹받침**

• **겹받침은 아래처럼 '서로 다른 두 개 자음으로 이루어진 받침'을 말한다.**

- 겹받침: ㄳ, ㄵ, ㄼ, ㄽ, ㄾ, ㅄ, ㄶ, ㅀ, ㄺ, ㄻ, ㄿ

- 겹받침의 사용: 넋, 앉-, 밟-, 곬, 핥-, 값, 않-, 잃-, 읽-, 앎, 읊-

• **한국어의 모든 받침은 다음의 7개 자음으로 발음**

- ㄱ, ㄴ, ㄷ, ㄹ, ㅁ, ㅂ, ㅇ

- 겹받침도 이 7개 자음 중 한 가지 자음으로 발음

◉ **한국어 겹받침 읽는 방법**

• **앞 자음 받침으로 발음하는 경우**

- ㄳ, ㄵ, ㄼ, ㄽ, ㄾ, ㅄ, ㄶ, ㅀ: ㄱ, ㄴ, ㄹ, ㅂ으로 발음

- 넋[넉], 앉다[안따], 여덟[여덜], 넓다[널따], 없다[업:따]

• 뒤 자음 받침으로 발음하는 경우

- ㄺ, ㄻ, ㄿ(닮다[담따])

• 예외 1: ㄼ

- ㄼ: 보통 앞 자음 리을 받침으로 발음하지만, 예외로 '밟'은 자음 앞에서 뒤 자음 비읍 받침으로 발음

- 넓[넙]적하다, 넓[넙]죽하다

- 밟다[밥:따]

- 밟고[밥꼬]

- 밟지[밥찌]

- 밟네[밥네 → 밤네]

- 밟아요[발바요]

• 예외 2: ㄺ

- ㄺ: 보통 뒷자음 기역 받침으로 발음하지만, 예외로 ㄺ 받침 뒤에 기역이 오면 앞 자음 리을 받침으로 발음

- 맑다[막따] / 읽다[익따]

- 맑지[막찌] / 읽지[익찌]

- 맑고[말꼬] / 읽고[일꼬]

- 읽기[일끼]

- 읽어요[일거요]

• 기타 규칙

- 동사, 형용사의 경우 겹받침 뒤에 모음이 오면 겹받침은 앞 자음으로 발음하고 겹받침의 뒤 자음은 모음으로 연음되어 발음

- 책을 읽다[익따]

- 책을 읽어[일거] 주세요

08

비언어적 표현

- 효과적인 보디랭귀지 -

SPEECH

과목명	당당하고 자신감 있는 스피치		
대상	학생 및 성인	회기(시간)	8회기
교육 목표	비언어적인 표현을 알고 적절하게 표현할 수 있다.		

학습주제	지도과정 및 내용	유의사항

비언어적
표현
	◆ 도입
	1. 보디랭귀지 얼마나 잘 사용하고 있나요?
	
	◆ 전개
	1. 비언어적인 표현
	  - 따뜻한 표정
	  - 자연스러운 시선
	  - 반듯한 자세
	  - 효과적인 제스처
	  - 거리의 법칙
	2. 비언어적인 표현 사례
	  - 김연아
	  - 스티브 잡스
	  - 오바마 대통령
	3. 상대에게 호감을 주는 제스처
	4. 상대에게 비호감을 주는 제스처
	
	◆ 정리
	1. 활동을 마치며 소감 나누기
	2. 다음 회기 안내하기	

1. 비언어적인 표현

① 따뜻한 표정

- 성형외과 입꼬리 올리는 수술, 실리콘 입꼬리 교정기 소개
- 입꼬리 주위의 근육을 부드럽게 하면 아름다운 웃음을 지닐 수 있는데 평소에 얼굴 스트레칭을 자주 하면 많은 도움이 된다. 얼굴 스트레칭의 방법으로는 입술을 오므린 뒤 눈을 크게 떠 깜짝 놀랐을 때의 표정을 짓거나, 입술을 좌우로 삐죽삐죽하거나, 입을 크게 벌리면서 목을 천천히 뒤로 젖히는 것 등이 있음
- 미소를 지으면 긴장이 풀리고 완화되면서 열린 마음과 함께 자신감도 생김
- 웃음은 자신을 어필할 수 있는 최고의 언어
- 자연스러운 미소를 만드는 방법

  ㉠ 눈썹을 위로 아래로 왔다 갔다 한다.

  ㉡ 양쪽의 눈을 번갈아 가면서 윙크해준다.

  ㉢ 볼에 바람을 넣고 좌우로 이동해준다.

  ㉣ '아에이오우'를 크게 발음하면서 입 운동을 한다.

  ㉤ 손가락으로 양쪽의 입꼬리를 올려준다.

  ㉥ 모음 'ㅣ'로 끝나는 단어를 5초 이상 입 모양을 유지하며 발음한다.

  　(개구리, 위스키, 쿠키, 예쁜이, 멋쟁이, 미나리, 아가씨 등)

② 자연스러운 시선

- 눈빛은 심리를 반영하고 감정을 전달하기 때문에 의사소통에서 차지하는 비율이 70%를 넘음
- 시선 처리는 커뮤니케이션이나, 대중 앞에 섰을 때 매우 중요한 요소
- 효과적인 시선 처리: 가까운 거리에서 대화할 때 상대의 눈을 바라보는 것이 어색할 경우 상대의 미간이나 코를 보며 이야기하는 것도 좋은 방법. 코만 보는 게 아

니라 눈동자의 움직임까지 시선에 들어올 수 있도록 눈 주위를 응시
- 한쪽 눈을 바라보고 반대쪽 눈으로 시선을 옮기고 코를 바라보다가 얼굴 전체를 바라보는 등 자연스럽게 시선 옮기기
- 시선을 옮길 때는 3~4초 동안 바라본 후 옮기기
- 대화할 때는 말을 할 때와 듣고 있을 때 모두 시선 처리에 신경을 써야 함
- 중앙에서 시선을 시작하여 오른쪽 왼쪽 중간으로 옮기며 청중들에게 고른 시선을 배분
- 프레젠테이션의 경우에는 자료 보기와 청중 보기를 5:5의 비율로 분배하여 강한 신뢰감을 제공

❸ 반듯한 자세

- 미소와 눈빛은 말을 대신하는 강력한 몸 언어. 더불어 몸의 자세 또한 나를 표현하는 중요한 도구
- 자세가 바르지 않을 때는 발성을 위한 좋은 공명을 만들어낼 수가 없고 신뢰감을 주기도 어려움
- 반듯한 자세를 위한 연습
  ㉠ 뒤로 돌아서 먼저 발뒤꿈치를 벽에 댄다.
  ㉡ 다음은 엉덩이가 벽에 닿게 한다.
  ㉢ 어깨를 쫙 펴서 벽에 닿게 한다.
  ㉣ 손바닥이 벽에 닿도록 붙인다.
  ㉤ 시선은 약간 위쪽을 향하며 뒤통수를 벽에 댄다.
- 스탠딩 스피치 기본자세
  ㉠ 다리를 어깨너비보다 약간 좁게 11자 형태로 벌려서 체중을 양발에 균등히 준다.
  ㉡ 허리와 어깨를 곧게 펴고 턱을 약간 당긴 상태로 정면을 주시한다.

ⓒ 양팔 모두 가볍게 내리뻗거나 한쪽 팔은 내리뻗고 다른 팔은 자연스럽게 움직이게 하는 것이 좋다.

ⓔ 손은 바지 옆에 날계란을 쥐는 정도로 주먹을 살짝 쥔 채 바짓단 쪽으로 붙여준다.

ⓜ 당당하고 안정감 있는 자세와 자신감 있는 인상으로 마음속 자신감도 키운다.

❹ 효과적인 제스처

- 제스처는 보이는 스피치
- 제스처는 좀 더 실감 나게 표현하도록 도와주기도 하고 말의 리듬을 살리면서 청중들이 지루하지 않도록 이끌어줌
- 제스처는 언어적 표현에 플러스 효과를 주기 때문에 스피치에 함께 사용하면 사람들이 집중하고, 기억하게 하는 데 도움
- 스피치의 내용에 맞게 사용하고, 나의 특징 있는 제스처를 만들어 사용하기
- 스피치를 잘한다고 인정받는 유명인들을 보면 대부분 적절한 제스처를 사용하여 상대방을 설득하고 신뢰를 주며 집중시킴

❺ 거리의 법칙

- 밀접 거리: 0cm~45cm, 촉각 커뮤니케이션의 간격
- 개체 거리: 45cm~1.2m, 자연스러운 커뮤니케이션의 간격
- 사회 거리: 1.2m~3.6m, 비즈니스 커뮤니케이션의 간격
- 공중 거리: 3.6m 이상, 대중 커뮤니케이션의 간격

2. 비언어적인 표현 사례

- 2018년 평창 동계올림픽 유치 1등 공신이었던 김연아 선수는 프레젠테이션 시작 전에 "조금 떨립니다."라고 말했다. 눈웃음을 지으며 손으로 '조금'을 표현하던 제스처는 매우 깊은 인상을 남겼다.
- 애플의 창시자 스티브 잡스는 프레젠테이션의 마술사이자 제스처 활용의 귀재로 불린다. 스티브 잡스는 손바닥 펴 보이기를 자주 했는데 이는 자신의 말에 대한 신뢰감을 형성하는 제스처를 의미하므로 의도적으로 많이 사용했다고 한다. 또한 핵심적인 주제에 관해 이야기하기 전에는 턱에 손을 올려서 상대방이 그 내용을 짐작하게 하거나 더욱 집중하게 만들기도 했다.
- 버락 오바마 전 미국 대통령은 스피치에서 손을 적절히 잘 활용하는 것으로 유명하다. 검지에 힘을 주어 강조하기도 하고 손을 가슴에 얹거나 주먹을 불끈 쥐기도 하면서 스피치의 내용을 더욱더 설득력 있게 표현하기도 한다.

3. 상대에게 호감을 주는 제스처

- 상대와 눈을 맞추는 모습은 상대방의 말을 경청하고 있음을 나타내며 이해와 공감의 표시이다.
- 몸을 상대 쪽으로 기울이는 행위는 상대와의 대화에 적극적으로 임하고 있다는 경청의 신호이다.
- 상대의 행동을 모방하는 행위는 자연스러운 거울 행동으로 공감과 친밀도를 높이는 데 효과적이다.

4. 상대에게 비호감을 주는 제스처

- 머리를 옆으로 기울이는 행위는 상대에게 신뢰감을 주지 못한다.

- 입술을 축이는 행위는 상대에게 무엇인가를 감추고 있는 것처럼 비칠 수 있다.

- 팔짱을 끼는 행위는 완고하고 부정적인 인상으로 비칠 수가 있다.

09

감정 표현하기
- 다양한 감정 표현 -

SPEECH

♧ 프로그램 세부 계획안

과목명	당당하고 자신감 있는 스피치		
대상	학생 및 성인	회기(시간)	9회기
교육 목표	다양한 감정을 알아보고 표현할 수 있다.		

학습주제	지도과정 및 내용	유의사항
감정 표현하기	◆ 도입 1. 평소 자신의 감정을 잘 표현하고 있나요? ◆ 전개 1. 감정의 특징 2. 감정 카드를 사용하여 다양한 감정 알아보기 3. 다양한 감정 표현해보기 4. 타인의 감정 표현법 이야기 나누기 - 친구, 부모님, 선생님 등 5. 부정적인 감정 조절 방법 6. 감정 일기 써보기 ◆ 정리 1. 활동을 마치며 소감 나누기 2. 다음 회기 안내하기	

1. 감정의 특징

- 감정은 자극에 대한 그 사람의 실제 반응이고 태도
- 감정은 각색이 불가능. 자극에 대한 즉각적인 감정은 그 순간에 존재하는 그 사람의 진실이고 진심
- 모든 사람은 매일 다양한 자극에 반응하며 감정을 경험
- 무시하고 억누른 감정은 가슴 한구석에 차곡차곡 쌓여 어떤 방식으로든 영향을 미침

2. 감정 카드

- 감정 카드를 이용하여 다양한 감정 알아보기
- 6개 기본 감정: 기쁨, 슬픔, 놀람, 분노, 혐오, 두려움

3. 다양한 감정 표현해보기

- 희로애락의 다양한 감정 표현 훈련
- 주제에 맞추어 감정 표현 훈련
- 결심하기 감정 표현 훈련
- 오버액션 감정 표현 훈련

① 감정 표현

- 안 줘도 돼! (기분 좋게 거절하듯 / 치사해서 안 받는 듯)

- 아니 이럴 수가! (기쁘게 / 놀란 듯이 / 실망스럽게 / 슬프게)

- 아빠! (부를 때 / 부탁할 때 / 신이 나서 / 놀랐을 때)

- 안녕하셨어요? (기쁘게 / 화나서 / 슬프게 / 짜증 나게)

- 이것이 십만 원? (놀라움 / 경멸 / 후회 / 기쁨 / 의심)

- 네. (물론이죠 / 그래서요 / 글쎄요 / 뭐라고요 / 대답)

- 다양한 감정의 표현: 기쁨 / 슬픔 / 걱정 / 탄식 / 명령 / 포기 / 협박 / 멸시 / 칭찬
  / 미움 / 노여움 / 놀람 / 두려움 / 반가움 / 사랑

❷ **원근 표현**

- 순이야 / 순이야 / 순이야

- 밥 먹어 / 밥 먹어 / 밥 먹어

- 빨리 가자 / 빨리 가자 / 빨리 가자

- 얘들아 / 얘들아 / 얘들아

- 여러분 / 여러분 / 여러분

4. 타인의 감정 표현법

- 타인의 감정 표현 나누기: 친구, 부모님, 선생님 등
- 타인의 감정 표현법에서 배워야 할 점이나 고쳐야 할 점 등 생각해보기

5. 부정적인 감정 조절 방법

- 심호흡: 숨을 들이쉬고 내쉬는 복식호흡 연습

- 숫자 거꾸로 세기

- 심상 훈련: 즐겁고 행복했던 장면을 마음속에 그리기

- 거울 보기: 화내고 있는 자신을 객관적으로 보기

- 나만의 주문 걸기: 나는 소중한 사람이다.

　　　　　　　　　　나는 꼭 필요한 사람이다.

　　　　　　　　　　나는 특별한 사람이다.

　　　　　　　　　　나를 사랑하는 사람이 많다.

6. 감정 일기 쓰기

- 불편한 감정을 느낀 일과 그 감정을 기록한다.
- 그때그때 기록해도 좋고, 자기 전에 기록해도 좋다.
- 일기의 마무리를 물음표가 아닌 느낌표로 마치자.
  - "왜 이리 내 마음이 힘들까?" → "아 정말 화난다!"
  - "왜 이렇게 우울하지?" → "정말 우울하다!"
  - "왜 이렇게 속상할까?" → "오늘은 정말 속상한 날이구나!"
- 감정 일기 구성
  - 사건: 나의 감정이 움직이도록 느껴졌던 일을 적기
  - 생각: 그 당시에 들었던 나의 생각 적기
  - 감정: 그 일에 대하여 내가 느끼는 기분 적기
  - 행동: 그 일이 발생하고 내가 어떻게 대응하고 반응했는지 적기
  - 결과: 그 일로 인하여 상대방의 반응이나 나의 생각, 감정 등을 적기

	사건	생각	감정	행동	결과
1	오늘 한 친구에게 기분 나쁜 말을 들었다.	당시에는 별 느낌이 없었다.	집에 와서 생각해보니 정말 속상하다.	나도 그 친구에 대해 안 좋은 말을 혼자 했다.	시간이 지나고 생각해보니 그 친구의 의견일 뿐 사실이 아니고 신경 쓸 필요가 없었다는 걸 느꼈다.
2					
3					
4					

10

즉흥 스피치
- 자기소개 -

SPEECH

♣ 프로그램 세부 계획안

과목명	당당하고 자신감 있는 스피치		
대상	학생 및 성인	회기(시간)	10회기
교육 목표	즉흥 스피치의 구소를 알고 자기소개를 할 수 있다.		

학습주제	지도과정 및 내용	유의사항
즉흥 스피치	◆ 도입 1. 즉흥 스피치 경험 이야기 나누기 ◆ 전개 1. 즉흥 스피치 요령 2. 즉흥 스피치 구조 3. 즉흥 스피치를 잘하는 방법 4. 실전 스피치를 위한 주제 정하기 5. 자기소개로 즉흥 스피치 실습 6. 즉흥 스피치 원고 예시 ◆ 정리 1. 활동을 마치며 소감 나누기 2. 다음 회기 안내하기	

1. 즉흥 스피치 요령

❶ 생각하기

- 이미지 트레이닝

- 핵심 주제 선정

- 오프닝 및 클로징 아이디어 개발

- 주제와 관련된 이야깃거리 수집

❷ 말하기

- 눈 맞춤, 밝은 표정, 인사

- 오프닝: 질문, 느낌, 분위기, 주제 언급

- 주제 관련 스토리텔링

- 클로징: 명언, 속담, 각오, 주제 강조, 계획

2. 즉흥 스피치 구조

- 포인트: 주장하고자 하는 결론을 서두에 바로 말한다.
- 이유: 주장의 이유는 간결하게

    시간 상황에 따라 하나 또는 두 개 정도
- 예시: 주장을 뒷받침하는 사례나 증거
- 결론: 마지막으로 처음의 결론을 다시 집어준다.

    키워드는 같지만 표현을 다르게 하는 게 좋음

3. 즉흥 스피치를 잘하는 방법

❶ 청중에 대해서 생각하라

- 모인 사람들이 어떤 사람들이고 주로 무슨 일을 하는 모임인지 파악하는 것이다. 만약 무슨 모임인지 알고 있다면 그들이 하는 가치 있는 일에 관해 이야기하며 청중에 대해 존경을 표하자.

❷ 그 자리의 분위기나 특수성을 파악하라

- 그 모임이 열리게 된 경위나 그 모임이 다른 모임과는 뜻이 다른 특수성이 있는 모임이라는 것을 언급하는 것도 좋다. 어떤 기념식의 모임이든, 축하의 모임이든, 문학적인 모임이든 간에 그 모임에 대해서 느낀 바나, 그 모임에 대한 칭찬을 이야기하는 것이 좋다.

❸ 다른 연설자를 언급

- 첫 번째와 두 번째 상황을 거쳐도 생각이 나지 않는다면 먼저 연설한 다른 연설자의 이야기를 주의 깊게 듣고 그 말에 찬성을 나타내며 그것을 확대하는 것도 좋은 방법이다. 그러면 그것은 정말 그 자리에서 생각한 즉석 스피치가 된다. 사람들은 그 스피치가 그 자리를 위해서 그리고 그 자리에 참석한 사람들을 위해서 만들어진 이야기라고 여겨 아주 많이 만족해할 것이다.

❹ 한 가지 주제를 잡자

- 주어진 시간도 짧은데 몇 가지 주제를 중구난방으로 이야기해서는 안 된다. 짧은 연설을 통해서 당신이 말하고자 하는 한 가지 메시지만 제대로 전달하자.

⑤ **이야기하듯 하라**

- 즉석에서 요청받은 한 말씀이라면 비공식 스피치라 할 수 있다. 따라서 지나치게 격식을 갖출 필요 없이 자연스럽게 이야기를 풀어가는 편이 낫다. 한 말씀 한다고 해서 목에 잔뜩 힘을 주고 '친애하는 동료 여러분' 식으로 말해선 안 된다. 대통령이 TV에 담화문을 발표하듯이 해서는 곤란하다는 이야기다. 친구나 가족을 앞에 두고 자연스럽게 이야기하듯 해야 말이 술술 잘 나온다. 이야기하듯 말하라는 것은 본 대로 느낀 대로 말하라는 것이다. 즉석에서 스피치를 요청받아 긴장될 때는 "전혀 예상치 못했는데 갑자기 마이크를 잡게 되어 무척 긴장되네요."라고 솔직히 말하면 된다. 그런 다음 앞에서 말한 대로 한 가지 주제를 이야기하듯 전달하면 충분하다.

4. 즉흥 스피치를 위한 주제 정하기

1) 자신이 잘 아는 주제를 정하라
2) 청중을 파악하라(청중의 흥미, 지식, 태도)
3) 상황 분석을 철저히 하라(청중의 인원, 스피치 시간, 순서, 장소 및 크기, 시청각 시설)
4) 명확한 목표를 설정하라(정보전달, 설득, 행사 사회 등)

5. 자기소개로 즉흥 스피치 연습하기

◉ **자기소개에 필요한 항목**

- 성장배경, 가족 사항

- 자신의 목표나 희망

- 자신의 성격이나 재능, 장점

- 나의 약점이나 고치고 싶은 점

- 목표를 이루기 위해 노력하고 있는 점

- 각오, 다짐, 마음가짐

- 자신의 취미나 좋아하는 것들

- 청중과의 공통점

6. 즉흥 스피치 주제 예시

- 만약에 100억으로 가득 찬 여행용 가방을 발견했다면?

- 한 달간 자유와 엄청난 돈이 생긴다면 당신은 뭘 할까?

- 당신이 한 달밖에 살지 못한다면?

- 타임머신이 있다면 어디를 갈 것인가?

- 자신에 대해서 단 한 가지를 바꿀 수 있다면?

- 세 가지 소원을 이룰 수 있다면?

- 지금부터 죽을 때까지 딱 한 가지 음식만 먹을 수 있다면?

- 성별이 바뀐다면 어떨까?

- 15년 후의 나를 만나게 된다면 꼭 이야기해주고 싶은 것은?

- 투명인간이 된다면?

- 로또 1등에 당첨이 된다면?

- 내일 지구가 멸망한다면 오늘 무슨 일을 할 것인가?

- 대통령이 된다면 가장 먼저 하고 싶은 일은?

- 하루만 다른 사람으로 살 수 있다면 누가 되고 싶은가?

- 다음 생에 무엇으로 태어나고 싶은가? (사람, 동물, 사물 등)

- 당신이 당신의 엄마가 된다면 가장 해주고 싶은 것은?

- 당신이 당신의 아빠가 된다면 가장 해주고 싶은 것은?

- 결혼하려고 할 때 부모님이 심하게 반대를 한다면?

- 한 가지 초능력을 가질 수 있다면 어떤 능력을 지니고 싶은가?

- 경찰이 되었는데 체포해야 할 사람이 가족이나 사랑하는 사람이라면?

7. 즉흥 스피치의 구성

◉ 나의 별명

인사 / 소개	안녕하세요? 저는 _____입니다.
주제소개 생각과 이유 느낀 감정	오늘 여러분께 제 별명을 소개해드리겠습니다. 제 별명은 _____입니다. 별명은 _____(언제) _____(누가) 지어줬습니다. 별명의 뜻은 _____(의미)입니다. 저는 이 별명을 들었을 때 _____(자신의 생각)라고 생각했습니다.
포부, 기대, 바람, 권유	앞으로 저는 이 별명처럼 행동할 것입니다. 기대해주세요.
끝인사	이상 발표를 마치겠습니다. 고맙습니다.

◉ 나의 꿈

인사 / 소개	안녕하세요? _____(자신의 꿈)가 되고 싶은 _____입니다.
주제소개 생각과 이유 느낀 감정	제가 _____이 되고 싶다고 생각한 이유는 바로 _____ 때문입니다. 저는 앞으로 꿈을 이루기 위해서 _____(자신이 노력할 점)을 열심히 할 것입니다. 혹시 노력하다가 힘들면 저에게 _____라고 말할 것입니다. 그리고 마침내 그 꿈을 이룬다면, _____(자신의 감정)할 것 같습니다.
포부, 기대, 바람, 권유	여러분도 자신의 꿈을 생각해보고 꼭 이루었으면 좋겠습니다.
끝인사	이상 발표를 마치겠습니다. 고맙습니다.

신뢰감 있는 목소리
- 뉴스 원고 낭독 -

♧ 프로그램 세부 계획안

과목명	당당하고 자신감 있는 스피치		
대상	학생 및 성인	회기(시간)	11회기
교육 목표	뉴스 원고를 통해 신뢰감 있는 목소리를 표현할 수 있다.		
학습주제	지도과정 및 내용		유의사항
신뢰감 있는 목소리	◆ 도입 1. 뉴스 시청해보고 소감 나누기 ◆ 전개 1. 방송 언어 2. 정보 전달 스피치 3. 뉴스 원고 쓰는 법 ◆ 정리 1. 활동을 마치며 소감 나누기 2. 다음 회기 안내하기		

1. 방송 언어

- 정확하고 아름다운 한국어 사용

- 품위와 교양을 견지하고 쉬운 우리말 사용

- 어린이, 청소년 등에게 바람직한 언어 사용의 모범

- 시청자 중심의 경어를 사용

- 출연자들의 사담이나 반말을 지양

- 표준어 사용과 보급을 기본

- 비속어, 은어, 인터넷 신조어 등을 자막으로 표기하는 것을 자제

2. 정보전달 스피치

- 강조하고 싶은 단어에 동그라미로 표시

- 띄어쓰기와 장음 등을 표시

- 어미는 평조로 감정을 넣지 않고 전달

- 또박또박 분명하게 기사를 전달하는 연습

3. 뉴스 원고 쓰는 법

● 뉴스가 만들어지는 과정

- 어떤 내용을 보도할지 회의한다.

- 알릴 내용을 취재한다.

- 뉴스 원고를 쓴다.

- 뉴스 영상을 제작하고 편집한다.

- 사람들에게 전하고 싶은 내용을 뉴스로 보도한다.

❷ 취재계획

- 취재할 사건이나 정보

- 사전조사방법

- 취재 기간

- 취재할 사람

- 기타계획

❸ 기사 작성 요령

- 첫 문장에 핵심 내용을 요약

- 둘째 문장에는 육하원칙을 바탕으로 개요를 자세하게 정리

- 중요 정보 순으로 전달(역피라미드)

- 도입에서는 뉴스에서 보도할 내용을 간단하게 소개

- 면담한 내용이나 관련 자료를 필요한 부분에 적절하게 활용

- 마무리에서는 전체 내용을 요약하거나 핵심 내용을 강조

- 뉴스의 관점을 뒷받침할 수 있는 타당한 자료를 활용

12

표현력 있는 목소리
- 시 낭송 -

SPEECH

♧ 프로그램 세부 계획안

과목명	당당하고 자신감 있는 스피치		
대상	학생 및 성인	회기(시간)	12회기
교육 목표	시 낭송을 통해 표현력 있는 목소리로 말할 수 있다.		

학습주제	지도과정 및 내용	유의사항
표현력 있는 목소리	◆ 도입 1. 시 낭송 감상 후 이야기 나누기 ◆ 전개 1. 시의 선택과 이해 2. 시 낭송 방법 3. 시 표현력 있게 낭송하기 　- 강약 조절 　- 리듬감 있게 말하기 　- 적절한 속도 조절 4. 표현력 있게 말하기 연습 ◆ 정리 1. 활동을 마치며 소감 나누기 2. 다음 회기 안내하기	

1. 시의 선택과 이해

① 시의 선택

- 문학적인 격조와 수준이 있는 시의 선택

- 널리 알려졌거나 유행성이 있는 시보다는 참신하고 새로운 시의 발굴

- 낭송자의 연령, 성별, 음성에 어울리는 시 선택

- 낭송에 적합한 길이의 시

② 시의 이해

- 시의 의미를 이해하여 시어의 리듬을 잘 살리고 있는가?

- 시를 자기 것으로 만들어 새로운 표현, 발성, 해석을 담았는가?

- 적당한 감정처리(힘참, 고요함, 평화로움, 기쁨, 그리움, 잔잔함 등)를 하고 있는가?

2. 시 낭송 방법

- 제목과 지은이를 꼭 밝힌다.

- 시 전문을 정확히 암송한다.

- 적절한 발음(음의 고저, 장단, 경음과 격음 등)으로 시의 뜻을 잘 전달한다.

- 적절한 호흡 조절 및 리듬 호흡을 통해 시의 맛을 살린다.

- 낭송자의 음성과 음색은 적당하게 조정한다. (감정을 잘 살리는지, 음성이 탁하거나 가
  늘지는 않은지, 울림의 폭이 있는지, 목에서 소리를 내지는 않는지 등)

- 마이크를 적절하게 사용한다.

- 시 낭송 태도: 자연스럽고 당당하게 낭송한다.

  무대 매너 및 예의를 갖추어 낭송한다. (자세, 의상, 무대 오르내리기, 인

사법, 시선 처리 등)

손짓과 몸짓은 자연스럽게 한다. (과잉, 과소 표현 지양)

위 내용을 종합하여 청중을 이끌며 낭송한다.

3. 시 표현력 있게 낭송하기

❶ 강약, 리듬, 속도

- 강약: 중요한 단어를 강조

- 리듬: 보통 앞 음절에 강세를 주고 파도처럼 리듬을 타면서 말하기

  '책을 읽듯이'가 아닌 대화하듯이 부드럽고 자연스럽게

  어미의 끝 부분을 높여서 말하지 않도록 하기

- 속도: 상황에 맞춰 알맞게 조절

❷ 빠른 속도로 말해야 하는 경우

- 쉬운 내용일 때

- 누구나 알고 있는 사실을 말할 때

- 별로 중요하지 않은 내용일 때

- 단순히 나열할 때

❸ 느린 속도로 말해야 하는 경우

- 어려운 내용일 때

- 특히 강조하고 싶은 내용일 때

- 숫자, 이름, 지명, 연도 등을 말할 때

- 감정을 억제해야 할 때

- 결과를 먼저 말하고 원인을 나중에 말할 때

4. 표현력 있는 말하기 연습

- 호기심을 가진다.

- 정보를 조사한다.

- 주의 깊게 관찰한다.

- 직접 표현해본다.

◉ 감성 훈련

• 감각 깨우기: 동작과 얼굴 표정

- 미각(맵다, 짜다, 쓰다, 시다, 싱겁다 등)

- 청각(크다, 작다, 소름 끼친다 등)

- 후각(말 냄새, 향수 냄새 등)

- 시각(멋지다, 섹시하다 등)

- 촉각(부드럽다, 꺼칠하다 등)

• 즉흥극

- 상황: 너무 반가운 친구를 우연히 만났다. (오버 액션)

• 표현연기

- 동물표현, 숫자표현, 글자표현, 알파벳을 몸으로 표현

13

자신감 있는 목소리
- 연설문 낭독 -

SPEECH

♧ 프로그램 세부 계획안

과목명	당당하고 자신감 있는 스피치		
대상	학생 및 성인	회기(시간)	13회기
교육 목표	연설문 원고를 통해 자신감 있는 목소리를 연습한다.		

학습주제	지도과정 및 내용	유의사항
자신감 있는 목소리	◆ 도입 1. 자신감 있게 말했던 경험 나누기 ◆ 전개 1. 자신감 있는 스피치 2. 자신감 있는 연설 방법 3. 연설문 낭독 연습 ◆ 정리 1. 활동을 마치며 소감 나누기 2. 다음 회기 안내하기	

1. 자신감 있는 스피치

- 맨 처음 문장을 힘차게 시작한다.

- 청중을 골고루 바라보며 말한다.

- 실수해도 당황하지 않고 자연스럽게 연결한다.

- 긍정적으로 이야기한다.

- 자신감 있는 자세와 표정으로 이야기한다.

2. 자신감 있는 연설 방법

- 중요 공약을 먼저 이야기한다.

- 말의 속도는 천천히, 큰 목소리로 또박또박 이야기한다.

- 적절한 자기 경험담이나 예시를 인용한다.

- 이야기하듯이 편안하게 말한다.

- 바른 자세로 적절한 제스처를 사용한다.

- 연설은 짧고 임팩트 있게!

3. 연설문 낭독 연습

14

생동감 있는 목소리
- 리포터 -

SPEECH

◇ 프로그램 세부 계획안

과목명	당당하고 자신감 있는 스피치		
대상	학생 및 성인	회기(시간)	14회기
교육 목표	리포터 원고를 통해 생동감 있는 목소리로 말할 수 있다.		

학습주제	지도과정 및 내용	유의사항
생동감 있는 목소리	◆ 도입 1. 리포터 영상을 보고 이야기 나누기 ◆ 전개 1. 리포터 원고 작성법 2. 리포터 원고 리딩 연습 3. 인터뷰 방법 4. 인터뷰 계획서 작성해보기 ◆ 정리 1. 활동을 마치며 소감 나누기 2. 다음 회기 안내하기	

1. 리포터 원고 작성법

- 개인의 느낌에 맞는 현장감이 중요
- 본인이 어떤 콘셉트의 리포터인지 확인(점잖은 스타일 vs 방방 뛰는 스타일)
- 키워드의 중점을 강조 포인트로 두기
- 오프닝 부분에 감성 자극하는 소개 글 넣기
- 본문에서는 정보전달 부분 잘 살리기

2. 리포터 원고 리딩 연습

3. 인터뷰 방법

1) 인터뷰할 사람 정하기
2) 면담 계획 세우기
3) 면담하기
4) 면담 내용 정리하고 인터뷰 보고서 작성하기
5) 발표하기

♧ 인터뷰 계획서

주제	
인터뷰 일시	
인터뷰 장소	
만날 사람	
인터뷰 내용	
정보	
느낀 점	

토의와 토론
- 토의와 토론의 차이점 -

SPEECH

♧ 프로그램 세부 계획안

과목명	당당하고 자신감 있는 스피치		
대상	학생 및 성인	회기(시간)	15회기
교육 목표	토의와 토론의 차이점을 알고 당당하게 자신의 의견을 표현할 수 있다.		

학습주제	지도과정 및 내용	유의사항
토의와 토론	◆ 도입 1. 토의와 토론의 차이점은 무엇일까? ◆ 전개 1. 토의와 토론의 의미 2. 토의와 토론의 차이점 3. 신문을 활용한 토의, 토론 역량 기르기 4. 토의 토론 진행 멘트 5. 토의 토론 평가 활동지 ◆ 정리 1. 활동을 마치며 소감 나누기 2. 다음 회기 안내하기	

1. 토의와 토론의 의미

- 토의: 어떤 공통된 문제에 함께하는 사람들이 모여서 가장 좋은 해답을 얻기 위해 서로 의견을 나누는 형식
- 토론: 생각이 서로 다른 주제에 찬성하는 사람과 반대하는 사람이 자기주장의 옳음을 논리로 펼치는 것

2. 토의와 토론의 차이점

① 주제와 목적에 따른 구분

- 토의: 합의가 필요한 주제를 다루며 함께 최선의 정답, 결과를 만드는 것이 목적이다.
- 토론: 선택이 필요한 주제를 다루며 이미 정답이 정해져 있고, 어떤 것이 타당한지 선택을 하는 문제이다. 따라서 이미 있는 대안(주장)의 우열을 가려서 선택하는 데 초점을 둔다.

② 주장과 참석자에 따른 구분

- 토의: 서로의 주장이 같아도 이루어질 수 있다.
- 토론: 몇 명이든 주장만 다르면 일어난다. TV에서는 시청률을 위해 강제로 찬반으로 나누지만 현실적이거나 교육적인 것은 아니다.

③ 상호작용과 규칙에 따른 구분

- 토의: 정보와 의견을 교환하며 좋은 것을 만들어내는 과정이므로 협력적이고 규칙이 느슨하다.

- 토론: 자신의 주장을 정당화하기 위해 논리적으로 증명하고 실제 증거를 제시하는 데 초점을 두며, 우열을 가려야 하므로 규칙이 엄격하다.

❹ 말하기, 듣기, 창의성에 따른 구분

- 토의: 주장과 경청에 특별한 제한이 없으며, 이를 통해 창의성을 길러줄 수 있다.
- 토론: 공평성을 위해 시간이나 말투 등을 제한하며, 논리성을 길러준다. 논증과 실증만으로 진행하기 때문에 창의성이 사용될 여지는 전혀 없다.

3. 신문 활용한 토의, 토론 역량 기르기

❶ 사실과 의견을 구분해보기

- 신문기사는 대부분 사실을 전달하는 것에 무게 중심을 두지만, 가치 판단을 명확하게 할 필요가 있을 때는 신문사의 가치나 이념이 반영되는 표현을 사용하므로 이때에는 비판적 읽기가 필요하다.
- 비판적 읽기의 시작은 사실과 의견의 구분이다. 사실은 사실 확인으로 끝나지만, 의견에 대해서는 따져볼 여지가 있다. 아직 사실과 의견을 구분하지 못하는 어린이들에게는 이를 구별하는 훈련이 필요하다.

❷ 제목과 기사의 짝을 맞추어보기

- 신문기사에서 중요한 것은 제목이다. 독자는 기사의 제목을 보고 기사를 읽을지 말지를 결정하기 때문에 간략한 제목에 기사의 내용이 담겨야 한다. 제목과 기사를 따로 제공하고 아이에게 서로 연결하도록 하는 활동을 해보면 기사를 자세히 읽게 되며 다양한 지식을 자연스럽게 알게 되어 효과적이다.

❸ 원인과 결과를 구분해보기

- 기사를 읽고 원인과 그로 인한 결과가 무엇인지를 찾아 관련 내용에 밑줄을 그어 본다. 현상을 이해하기 위해서는 인과관계를 파악하는 것이 필수적이다.

❹ 상반된 두 개의 사설을 비교해보기

- 보수적인 신문사와 진보적인 신문사의 비슷한 대상을 다루는 사설이나 칼럼을 읽고 비교해보면 비판적 사고를 기르는 데 도움이 된다.

❺ 기사 제목을 만들어보기

- 기사의 원래 제목을 지우고 본문기사만 제공하여 어린이가 직접 제목을 만들어 보게 한다. 이때 편집상을 받은 기사들을 자주 보여주면 좋다. 모범적인 제목들을 많이 보면 어린이들이 지적 자극도 받고 제목을 만드는 요령도 터득할 수 있다.

4. 토의 토론 진행 멘트

❶ 질문 기술(Questioning Skills)

- 전체 질문(Overhead Question): "이런 점에 대하여 말씀해주실 분 없습니까?"
- 직접 질문(Direct Question): 특정 개인, 청중 주의 환기, 전문지식 전파
- 중계 질문(Relay Question): "지금 ○○ 씨가 하신 질문에 답하실 분 있습니까?"
- 반대 질문(Reverse Question): "방금 아주 좋은 질문을 하셨는데 본인은 그 점에 대하여 어떻게 생각하고 계십니까?"

❷ 응답 기술(Answer Skills):

질문을 환영한다는 메시지, 긍정적 피드백, 질문을 전체에게 다시 한번 전달

- 정확하고 친절한 대답

- 대답은 질문자만이 아닌 교육생 전체에게

- 모르는 것, 틀린 것은 솔직하게 인정

- 대답에 대한 만족 여부 확인

- 질문에 대한 감사의 말

- 질문이 없으면 중요사항에 대해 진행자가 질문

5. 토의 토론 활동 평가지

♣ 토론 평가 활동지

논제	
찬성	주장: 근거:
반대	주장: 근거:
나의 생각 정리하기	

나의 평가	잘함	보통	부족
1. 발표자의 의견을 잘 들었는가?			
2. 토론 주제에 대해 충분히 준비하였는가?			
3. 나의 역할에 충실하였는가?			
4. 매너를 지키며 토론이 이루어졌는가?			

♧ 토의 평가 활동지

토의 주제 (부제)	
토의 내용	
결과 및 실시계획	

나의 평가	잘함	보통	부족
1. 발표자의 의견을 잘 들었는가?			
2. 토의 주제에 대해 충분히 준비하였는가?			
3. 나의 역할에 충실하였는가?			
4. 매너를 지키며 토의가 이루어졌는가?			

16

스토리텔링

- 스토리텔링 구성법 -

SPEECH

♧ 프로그램 세부 계획안

과목명	당당하고 자신감 있는 스피치		
대상	학생 및 성인	회기(시간)	16회기
교육 목표	스토리텔링의 구성법을 알고 표현할 수 있다.		

학습주제	지도과정 및 내용	유의사항
스토리텔링	◆ 도입 1. 스토리텔링이란? ◆ 전개 1. 스토리텔링의 개념 2. 스토리텔링의 특성 3. 스토리텔링의 이용 4. 시나리오 작성법 5. 스토리텔링 사례 ◆ 정리 1. 활동을 마치며 소감 나누기 2. 다음 회기 안내하기	

1. 스토리텔링의 개념

- 전하고자 하는 주제와 관련된 이야기를 찾거나 만들어 듣는 사람에게 이야기로
  전달하는 것 → 이야기하기
- 스토리 → 에피소드 → 단 하나뿐인 스토리

2. 스토리텔링의 특성

- 설득력이 있다.
- 저항감이 없다.
- 감성과 지식을 나타낸다.
- 다양한 매체를 통해 표현된다.

3. 스토리텔링의 이용

- 영상산업: 방송, 영화, CF, 게임, 애니메이션의 시나리오
- 공연예술: 연극극본, 뮤지컬 대본, 무용 스토리, 음악 가사
- 사업활동: 마케팅, 관광 안내, 사업소개, 전시 스토리
- 기타 교육, 조직관리, 의사소통, 면접, 종교활동

4. 스토리텔링을 위한 시나리오 작성

❶ 주제 및 목표설정

- 스토리텔링이 필요한가.

- 사람들의 호기심을 자극할 수 있는가.

- 왜 해야 하는가.

❷ 메시지 설정

- 가급적 하나의 메시지를 담는다.

- 두 가지 이상일 경우 우선순위를 정한다.

- 스토리 전개와 메시지를 전달하는 데 구체적이고 논리적인가.

❸ 청중 분석

- 연령대에 따라 전달 방법, 전개를 달리한다.

- 참석자의 지식수준은 어떠한가.

- 불특정 다수인가 단체인가.

❹ 자료 및 소재 수집 및 정리

- 주제에 적합한 소재인가.

- 수집 소재를 사전 정리하여 적재적소에 활용한다.

❺ 스토리 시나리오 작성

- 스토리텔링을 위한 기본 구성과 핵심요소를 염두에 둔다.

- 기본이 되는 고전이 있다면 다양하게 비틀어보라. 반전, 감동, 설득 등.

- 한정된 시간에 풀어내야 하는 만큼 사전 설정 후 분량을 조절한다.

5. 스토리텔링 사례

- **아오모리 사과의 교훈**

  - EBS 다큐프라임 '이야기의 힘' 3부 '스토리텔링의 시대' 영상 참고

- **에비앙**

- **배스킨라빈스**

- **애플 로고**

- **스타벅스**

- **면접과 자기소개서 작성 사례**

17

프레젠테이션
- 프레젠테이션 스킬 -

SPEECH

♧ 프로그램 세부 계획안

과목명	당당하고 자신감 있는 스피치		
대상	학생 및 성인	회기(시간)	17회기
교육 목표	프레젠테이션의 방법을 알 수 있다.		

학습주제	지도과정 및 내용	유의사항
프레젠테이션	◆ 도입 1. 프레젠테이션이란? 2. 프레젠테이션 경험 발표 ◆ 전개 1. 프레젠테이션의 준비 2. 청중 분석과 유형별 대응법 3. 무대 활용법 4. 마이크 사용법 5. 프레젠테이션 스토리 구성법 6. 프레젠테이션 실습 주제 예시 ◆ 정리 1. 프레젠테이션에 대한 피드백 2. 다음 회기 안내하기	

1. 프레젠테이션의 준비

- 프레젠테이션의 목적 파악: 상대를 설득하는 과정보다는 상대의 결정과 생각을 도와주는 것
- 전달한 내용의 주제를 정하고 스토리 라인 만들기
- 주제별로 어떤 내용을 담고 슬라이드를 몇 장으로 구성할지 결정
- 내용에 맞는 템플릿에 제작
- 한 장당 한 개의 메시지 담기
- 실전 리허설 후 모니터링
- 질문과 반론 대처

2. 청중 분석과 대응법(3P 분석)

- 청중 분석(People): 청중은 누구인가, 왜 모여 있는가, 무엇을 알고자 하는가, 청중의 수와 지식수준, 태도
- 목적 분석(Purpose): 정보전달 vs 설득
- 장소 분석(Place): 무대, 실내 환경, 청중석의 배치, 앉은 위치에서 발표자가 잘 보이는지, 칠판 유무, 출입문의 위치, 휴식 장소, 화장실 위치 등

3. 무대 활용법

- 인사말을 먼저하고 고개를 숙일 것. 인사말과 함께 고개를 숙이면 집중도가 떨어짐

- 고개를 먼저 숙이고 인사말을 나중에 하면 고개 숙이는 것을 못 본 사람들은 인사 성이 없다고 생각함
- 스피치 시작과 마무리에 처음 인사했던 자리에 서서 인사
- 서 있는 위치를 바꾸면서 무대를 활용하면 집중도가 높아짐
- 발표할 때 계속 두 손을 앞으로 모아 잡고 있으면 위축되어 보이고, 뒷짐 자세는 권위적으로 보일 수 있음

4. 마이크 사용법

- 연단 위에 고정되어 있는 경우 연단의 중앙에 위치
- 마이크 높이는 발표자의 아랫입술보다 약간 밑에 위치하도록 조절
- 마이크가 얼굴이나 입을 가리면 청중들은 발표자의 입 모양을 볼 수 없어서 답답
- 입술과의 거리는 주먹 하나 정도의 거리가 기준. 마이크 성능에 따라 조절
- 마이크 위치가 편치 않을 땐 마이크 뽑아서 손에 들기

5. 프레젠테이션 스토리 구성법

- 주목받는 오프닝: 자신의 이야기, 퀴즈나 유머, 질문 등으로 오프닝 준비, 기억에 남을 만한 자기소개 준비
- 본론으로 들어가기 전에 큰 그림 먼저 보여주기
- 핵심 내용을 3가지 정도로 요약해서 본론, 주제에 대한 적절한 사례 제시
- 요약 및 결론
- 감동적인 끝맺음: 적절한 명언, 시, 구호 등 여운이 남을 수 있도록 마무리

18

행사 사회
- MC -

SPEECH

♧ 프로그램 세부 계획안

과목명	당당하고 자신감 있는 스피치		
대상	학생 및 성인	회기(시간)	18회기
교육 목표	행사의 사회를 진행하는 방법을 알 수 있다.		

학습주제	지도과정 및 내용	유의사항
행사 사회	◆ 도입 1. 모임의 사회 진행 경험 발표 ◆ 전개 1. 행사 사회와 무대 매너 2. 사회 진행 스킬 3. 사회 진행 시 주의할 점 4. 행사 사회 연습 및 피드백 ◆ 정리 1. 행사 사회에서 어려운 점 발표 2. 다음 회기 안내하기	

1. 무대 매너

- 17장 프레젠테이션의 무대 활용법과 마이크 사용법 등을 참고

2. 사회 볼 때 주의사항

① 원고는 직접 작성하기

- 다른 사람이 작성해준 원고는 아무리 잘 짜여 있다고 하더라도 내 입에 쉽게 붙지 않는다. 행사의 전반적인 상황들을 상상하면서 본인이 직접 작성해야 한다.

② 식장의 분위기, 행사의 성격, 청중의 특징 등을 면밀하게 파악하기

- 사회자는 행사의 성격과 내용을 완전히 파악하고 행사장에 미리 도착하여 마이크의 성능, 음량, 음향 등을 점검하고 식장 내의 동선을 미리 파악해야 한다.

③ 연사 소개를 어떻게 하느냐에 따라 분위기가 달라짐

- 연사를 청중에게 소개하고 연사의 권위를 치켜세워주는 것도 사회자의 몫이다. 연사를 소개할 때 말에 힘을 줘서 크게 말하면 청중들이 더 집중할 수 있고 큰 박수를 유도하는 효과가 있다. 반대로 힘없이 소개하거나 대충 소개한다면 청중들이 연사를 대할 때 집중도가 흐트러질 수밖에 없다.

④ 사회자는 자신의 자랑이나 홍보를 해서는 안 됨

- 사회자는 조연이다. 절대 주연이 아니다. 개인적인 말을 많이 하는 것은 곤란하다.

❺ 식을 진행하면서 맞장구 멘트를 준비

- 진행 순서에 집중하면서 그 속에서 에피소드를 찾아 멘트를 하는 것이 현장감이 있어서 좋다. '정말 멋진 무대였습니다.'보다는 '어떠어떠한 상황이 특히 돋보이는 무대였습니다.'가 좋다.

❻ 복장과 언어 선택 하나하나에 각별한 신경 쓰기

- 사회자는 명랑해야 하고 유머를 사용할 줄 알아야 한다. 알기 쉬운 언어를 사용하고 세련되고 긍정적인 화법을 사용해야 한다. 행사의 성격에 맞는 색채 선택도 매우 중요하다.

❼ 돌발 상황 예측

- 모든 순간에 돌발 상황은 있다. 당황하지 않고 자연스럽게 이끌어가는 능력이 필요하다. 정확한 판단력으로 흔들림 없이 유머와 함께 대처한다면 더욱 좋겠다.

❽ 짧고 임팩트 있는 멘트

- 사회자가 행사와 큰 관계가 없는 멘트를 길게 이어가면 청중들은 쉽게 지치고 지루해하기도 한다. 따라서 같은 말이라도 다르게 표현할 줄 알아야 한다. 박수 유도 멘트의 예를 들면 다음과 같다.

열정적인 박수를 ~

뜨거운 박수를 ~

감사의 박수를 ~

사랑의 박수를 ~

힘찬 박수를 ~

격려의 박수를 ~

축하의 박수를 ~

열정적인 박수로 ~

아낌없는 박수를 ~

감사의 박수를 ~

격려의 박수를 ~

~ 부탁드립니다.

~ 환영해주시기 바랍니다.

~ 청해보겠습니다.

~ 맞이하겠습니다.

19

3분 스피치
- 3분 스피치 구조 알기 -

SPEECH

♣ 프로그램 세부 계획안

과목명	당당하고 자신감 있는 스피치		
대상	학생 및 성인	회기(시간)	19회기
교육 목표	3분 스피치의 구조를 알고 자신 있게 말할 수 있다.		

학습주제	지도과정 및 내용	유의사항
3분 스피치	◆ 도입 1. 즉흥 스피치 vs 1분 스피치 vs 3분 스피치 ◆ 전개 1. 3분 스피치란? 2. 3분 스피치의 목적 3. 3분 스피치의 구조 4. 3분 스피치를 위한 준비 5. 3분 스피치 주제 예시 6. 실전 발표 ◆ 정리 1. 스피치 평가표에 따른 피드백 2. 다음 회기 안내하기	

1. 3분 스피치란

- 모든 스피치의 기본으로 짧은 시간 내에 듣는 사람을 설득하는 것

- 내가 의도하는 목적이 있어야 하며 주제는 하나일 것

- 1시간 말하는 것보다 3분 말하기가 어려움

- 3분 동안 말하게 되는 글자 수는 약 800~850자(아나운서들은 이보다 좀 더 많은 900~950자 정도를 말함)

- A4용지에 10포인트로 타이핑했을 때 반장이 넘고 한 장이 안 되는 분량

2. 3분 스피치의 목적

❶ 설득하기

- 내가 옳다고 믿는 것을 청중들에게 설득하기

- 내가 생각하는 문제점을 이야기하고 청중들에게 해결책을 제시하며 청중들의 동 의를 얻는 것

- 설득하기는 반대의견이 있기 마련이므로 내 주장을 뒷받침하는 근거들을 탄탄하 게 준비

❷ 정보 제공하기

- 말 그대로 정보를 제공하는 것

- 제품에 대한 정보를 제공한다면 좋은 점, 나쁜 점, 사용법, 관리법 등을 확실하게 설명

❸ 감동주기

- 청중의 마음을 움직여서 행동이나 태도를 바꾸도록 동기부여 하는 것

- 설득하기와 달리 반대의견이 나오는 주제가 아님

3. 3분 스피치의 구조

- A(30초) → B(2분) → A´(30초): A에서 주제가 나오고 B에서 설명을 하고, 다시 본

  주제로 돌아가는 구조(A´)

· 3분 스피치의 구성 예시 ·

A: 독서를 하는 것이 왜 중요한가?
B: 독서를 하면 좋은 점 3가지(에피소드 등으로 구성)
  - 독서를 통해서 많은 정보와 경험을 간접 체험할 수 있음
  - 새로운 정보들과 세계들로 간접 체험하여 넓은 시야를 갖게 됨
  - 글을 잘 쓰게 됨
A´: 독서를 하는 방법
  - 책을 다 읽고 이야기를 나누고, 느낌을 그림이나 독서록으로 기록

---

4. 3분 스피치를 위한 준비

1) 주제를 정한다. (남에게 흥미를 끌 수 있는 것)

2) 목적을 정한다. (설득, 정보 제공, 격려, 소개 등)

3) 하고 싶은 말을 한 문장으로 만들어본다. (주제)

4) 이야기를 어떻게 전개해나갈지 구상하고 개요표를 만들어본다.

- 맨 처음을 어떻게 시작할 것인가? (화제 제시)

- 어떤 순서로 이끌어나갈 것인가?

- 내가 하고 싶은 말을 좀 더 잘 이해시키기 위해 어떤 방법을 사용할 것인가?

- 마무리를 어떻게 할 것인가? (주된 내용 다시 정리)

5. 연습하기(비언어적 행동 고려)

- 단정한 복장과 밝은 표정

- 적당한 제스처와 자리 이동

- 발음의 정확성과 말의 속도 조절

6. 3분 스피치 주제 예시

- 10년 후의 내 모습

- 우리 가족의 자랑거리

- 내가 생각하는 가장 소중한 가치

- 지금까지 살아오면서 가장 행복했던 때

- 나에게 있어서 친구의 의미

- 가장 기억에 남는 여행

- 나만의 스트레스 해소법

- 내가 존경하는 사람과 그 이유

- 내가 살면서 용기를 냈던 경험

- 내가 생각하는 성공이란?

♧ 3분 스피치 원고 쓰기

	1. 주제 정하기: 2. 목적 정하기: 설득, 정보 제공, 격려, 소개 등 3. 하고 싶은 말 한 문장으로 써보기:
서론 **(30초)**	
본론 **(2분)**	근거 1: 근거 2: 근거 3:
결론 **(30초)**	

20

설득 스피치
- 설득을 위한 전략 -

SPEECH

♧ 프로그램 세부 계획안

과목명	당당하고 자신감 있는 스피치		
대상	학생 및 성인	회기(시간)	20회기
교육 목표	설득을 위한 스피치의 구성법을 알 수 있다.		

학습주제	지도과정 및 내용	유의사항
설득 스피치	◆ 도입 1. 상대를 설득했던 경험 발표 ◆ 전개 1. 설득을 위한 스피치의 구성 2. 설득을 위한 3단계 3. 설득을 위한 화법 4. 설득 말하기 유의할 점 ◆ 정리 1. 활동을 마치며 소감 나누기	

1. 설득을 위한 스피치의 구성

- 음성 언어
- 시각 언어
- 내용 언어

2. 설득을 위한 3단계

- 상대를 이해시키기(이해)
- 내 말을 믿게 하기(신뢰)
- 나의 뜻에 따르게 하기(동조)

3. 설득을 위한 화법

- 양자택일을 시켜라. 설득이란 내가 원하는 대로 상대를 움직이게 하는 데 목적이 있다. 상대를 설득하려면 "어떻게?"라고 하는 대신 "어느 것?"이냐를 선택하게 하는 것이 효과적이다.
- 말하려는 사실을 단순화한다.
- 주장과 이유를 분명하게 연결짓는다.
- 알아듣기 쉬운 말로 한다.
- 상대방의 반응을 염두에 둔다.

4. 설득 말하기 할 때 유의할 점

- 처음부터 자신의 주장을 말하면 상대방이 거부감을 가질 수 있다.

- 에의 바른 태노로 말한다.

- 설득하고자 하는 내용에 대해 확신한다.

- 자기 생각을 뒷받침할 수 있는 근거를 들어야 한다.

- 상대방이 집중할 수 있도록 흥미를 끌 수 있어야 한다.

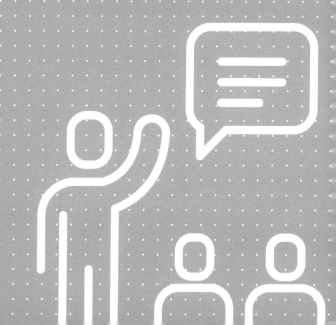

당당함을 키워주는

스피치
교육
프로그램

초판 1쇄 발행 2022년 06월 09일

지은이 김미진
펴낸이 류태연

펴낸곳 렛츠북
주소 서울시 마포구 양화로11길 42, 3층(서교동)
등록 2015년 05월 15일 제2018-000065호
전화 070-4786-4823 | **팩스** 070-7610-2823
이메일 letsbook2@naver.com | **홈페이지** http://www.letsbook21.co.kr
블로그 https://blog.naver.com/letsbook2 | **인스타그램** @letsbook2

ISBN 979-11-6054-554-8 03190